AF577468

Sabine Huber

Seelenreiseführer

Die wundervolle Reise zu dir

Smaragd Verlag

Bitte fordern Sie unser kostenloses Verlagsverzeichnis an:

Smaragd Verlag e.K.
Brückenstraße 25
D-56269 Dierdorf
Tel.: 02689-92259-10
Fax: 02689-92259-20
E-Mail: info@smaragd-verlag.de
www.smaragd-verlag.de

Oder besuchen Sie uns im Internet unter der obigen Adresse und melden Sie sich für unseren Newsletter an.

Erste Auflage: April 2020

Umschlaggestaltung: preData
Satz und Innengestaltung: Gaby Heuchemer
Druck: CPI books GmbH, Leck
ISBN 978-3-95531-193-3

Inhalt

Einführung

HERZLICH WILLKOMMEN im Leben!
HERZLICH WILLKOMMEN auf deiner Reise!

Ich freue mich, dass ich ein Stück weit mit dir gehen und dich begleiten darf. Wir sind alle eins und miteinander verbunden – dein Leben ist mein Leben, und mein Leben ist dein Leben. Im Grunde haben wir alle dieselbe Essenz in uns und denselben Wunsch: Den Schleier wieder zu lüften und unser inneres Leuchten zu entdecken.

Ich möchte mit dir die Entdeckerin deiner inneren Welt sein, dein Kompass und dein Reiseführer, dir Möglichkeiten aufzeigen, wie du deine irdische Reise zu einem wundervollen Erlebnis und eine Entdeckung deiner selbst gestalten kannst. Sich selbst zu finden ist, wie ein neues Land zu betreten. Hinter jeder Biegung und nach jeder Abzweigung findest du neue Aspekte von dir, es eröffnen sich dir neue Welten und Landschaften voller Fülle und unerwarteter Geschenke.

Du musst dazu nicht weite Wege auf dich nehmen, keine Umwege mehr gehen, nicht vergebens danach suchen – in deinem Inneren gibt es einen wundervollen einzigartigen Ort zu entdecken: das ewige Paradies! Dein schöpferischer Reichtum und die reine Liebe warten darauf, von dir wahrgenommen und geboren zu werden.

Lass uns gemeinsam auf eine Schatzsuche voller Wunder gehen.

Die Schatzkarte deiner Gefühle zeigt dir den direkten Weg zum Ziel. Folge deinem Herzen, öffne es in Liebe und lass dich führen. Sei bereit, das Ticket für einen neuen Lebensabschnitt zu lösen und wie ein kleines Kind deine Reise anzutreten: voller Neugierde und Offenheit, mit Leichtigkeit und Vorfreude darauf, was das Leben noch für dich bereithält.

Wenn du tief in dir spürst, dass du noch nicht angekommen bist, dass es da noch etwas gibt, was noch nicht greifbar für dich ist, das dich ruft – dann bist du bereit, loszugehen.

Dein Leben ist von Anbeginn an eine Reise der Entdeckungen. Du hast jederzeit die Möglichkeit, die Richtung zu wechseln, dein Ziel zu verändern, einen kurzen Stopp einzulegen, Menschen mit an Bord zu nehmen oder sie aussteigen zu lassen, einen Umweg zu nehmen, schnell oder langsam zu reisen, mit oder ohne Freude: Deine Reiseplanung liegt ganz in deinen Händen.

Ich begebe mich mit dir auf die Reise deines Lebens. Gemeinsam schauen wir zurück, ich schenke dir Einblicke in mein Leben, wir erkunden neue Reiseziele, neue Stationen, die uns gemeinsam an den Ort bringen, der dir bisher verborgen geblieben ist, zur Insel der Glückseligkeit, die hell erstrahlt im Licht. Wo du alles findest, was du brauchst, was du bisher vergebens gesucht hast, wo du getragen wirst von Leichtigkeit und Liebe.

Dieses Buch wurde mir liebevoll von der Geistigen Welt diktiert, und während ich diese Zeilen zu Papier brachte, habe ich diese tiefe Liebe und Verbundenheit zu uns allen gespürt. Wundervolle Energien haben diese Zusammenarbeit zu einem beeindruckenden Erlebnis in meinem Leben gemacht. Wie mir die Geistige Welt mitgeteilt hat, ist jeder Leser, jede Leserin von ihnen gerufen worden, und diese Worte werden jede Seele im Innersten erreichen. So kann jeder Einzelne sich auf den Weg der Erleuchtung und des Aufstiegs machen.

Ich habe ganz bewusst die DU-Form genutzt, weil diese Anrede persönlicher ist und dich die Schwingungen somit noch intensiver erreichen können.

Ich wünsche dir ganz viel Freude und innige Momente während unserer gemeinsamen Reise. Mögen dich die Energien berühren und dein Herz höher schlagen lassen.

Die Reise kann beginnen!

1.

Station deiner Seelenreise

Wie alles begann...

Die Reise deines Lebens hat bereits lange vor deiner Geburt begonnen. Irgendwann hat sich deine Seele entschieden, wieder auf diesem wundervollen Planeten zu inkarnieren, um sich selbst Raum zu geben in deinem jetzigen irdischen Körper, damit sie Erfahrungen sammeln und sich dadurch weiterentwickeln kann.

Alles wurde von deiner Seele geplant, mehr oder weniger wurde nichts dem Zufall überlassen. Ich höre dich nun aufschreien: „Was, ich soll mir freiwillig diese Schufterei, diesen Kampf, diese Ereignisse in meinem Leben ausgesucht haben? Niemals!" Doch so ist es.

Um dir das geeignete Leben für dein Seelenwachstum zu kreieren, hat deine Seele auf geistiger Ebene gemeinsam mit deinem feinstofflichen Team und deiner Seelenfamilie eine vorgeburtliche Sitzung abgehalten, in der die wichtigsten Entscheidungen für dein späteres Erdenleben vorausgeplant wurden.

Du hast nicht *zufällig* deine Eltern erhalten, deine Geschwister, deinen Körper, eventuelle Behinderungen, Krankheiten, deinen Geburtsort, einschneidende Erlebnisse, Partner, Lehrer, Vorgesetzte usw.

All das hast du bereits vor deiner Geburt geplant, um damit bestmögliche Erfahrungen machen zu können. Deine Seele hat zuvor entschieden, ob du Mann oder Frau sein wirst, groß oder klein, krank oder gesund, Langzeitsingle oder Ehefrau/-mann, Mitglied einer großen oder kleinen Familie, eine glückliche oder nicht so einfache Kindheit, ob du Liebe oder Gewalt erlebst, Freiheit oder Eingeschränktheit in deiner Lebensweise.

In der Geistigen Welt plant die Seele gemeinsam mit ihren Geistführern (ich erkläre dir an anderer Stelle, was genau ein Geistführer ist und welche Aufgabe er hat) alle großen Entwicklungsschritte im Voraus. Natürlich lässt sie den freien Willen offen, den du als irdisches Wesen besitzt. Dafür werden die verschiedensten Wegrichtungen und -gabelungen vorausskizziert und durchgesprochen.

Du als Seele hast auf geistiger Ebene entschieden, was du in diesem irdischen Leben erfahren, wobei du dich weiterentwickeln, mit wem du eventuelle karmische Verstrickungen lösen möchtest, die in einem früheren Leben entstanden sind. Also ganz genau, mit wem und wohin deine Reise gehen wird.

Die größten Entwicklungsschritte kann die Seele nur außerhalb der feinstofflichen Welt machen. Nur in einem grobstofflichen Körper kann sie erleben, was es bedeutet, getrennt zu sein von der All-Liebe, von Gott, Einsamkeit zu verspüren, verlassen zu werden, mit vermeintlicher Unvollkommenheit zu leben, bis hin zu Erfahrungen wie Gewalt, Missbrauch, Ausgrenzung, Krankheit und natürlich den Tod.

Unsere Seele braucht für ihre Entwicklung die irdische Dualität. Denn nur dort, wo es Schatten gibt, kann man das Licht wieder entdecken und ehren. Nur wo es Licht gibt, kann Schatten entstehen.

All dies sind die ersten wichtigen Erkenntnisse auf deiner Reise zu dir. Wenn du erkennst, dass du selbst der Schöpfer deines Lebens und nicht willkürlich dem Leben ausgeliefert bist, sondern bereits im Vorhinein bestimmte Stationen deiner irdischen Reise geplant hast, dann wird dir klar, dass du diese schöpferische Kraft auch während des Lebens voll einsetzen kannst. Werde dir bewusst, dass du die Fäden in der Hand hältst. Du kannst dich täglich neu entscheiden, wie du dein Leben leben möchtest – wie du DICH leben möchtest.

***Du bist nicht das Opfer deiner Umstände,
du bist der Erschaffer deiner Möglichkeiten.***

Doch nun spürst du, und vielleicht hörst du es auch, wie dein inneres Licht immer mehr nach dir ruft. Die Tage der Unbewusstheit möchten einem Leben im vollen Bewusstsein weichen.

Der „Schleier des Vergessens" will endlich gelüftet werden. Deine Seele entschied vor ihrer Geburt, all die Erinnerungen an deine vorgeburtliche Lebensplanung, deine göttliche Herkunft, dein ursprünglich reines, ewiges Liebeslicht aus deinem Gedächtnis zu streichen, damit du die Möglichkeit hast, irgendwann während deiner Lebensjahre dieses ureigene Wissen wieder zu aktivieren und diese Verbindung wieder herzustellen. Ohne das Vergessen wäre es dir nicht möglich gewesen, die Erfahrungen, die du bis jetzt erlebt hast, zu durchlaufen.

Du spürst nun diesen wundervollen Ruf, dass es mehr gibt in dir ... dass es viel Wundervolles und Einzigartiges zu entdecken gilt ... dass die Zeit reif dafür ist. Du bist bereit, wieder eins zu werden mit deiner Wahrhaftigkeit, mit der Göttlichkeit in dir – MIT DEINER SEELE. Denn in Wahrheit wart ihr nie getrennt. Du bist nicht dieser irdische Körper – das ist nur dein Reisegefährt. Du bist dieses leuchtende Licht in diesem Körper, dieser göttliche Funken, der die Fahrt auf sich genommen hat, um sich hier auf Erden neu zu entdecken.

Du bist dieses ewige unsterbliche Licht mit all seinem Wissen, seinen Fähigkeiten, seiner Liebe. Es ist die Verbindung zu deiner wahren Heimat. Das Licht in dir zu finden bedeutet, deine Schatztruhe zu öffnen und den Himmel auf Erden zu leben.

Mein persönlicher Reisebericht für dich

In meinen persönlichen Reiseberichten werde ich dir die Tür zu meinem Herzen öffnen, dich in meine Welt blicken lassen, um dir zu zeigen, dass sich der Weg lohnt und du reich für deine Entdeckungstour beschenkt wirst.

**

Meine eigene Reise hier auf Mutter Erde begann im Jahre 1968. Ich wuchs mit meinen beiden Geschwistern und meinen Eltern in Innsbruck, der Hauptstadt von Tirol, auf. Ich bin in zweiter Ehe verheiratet, habe zwei wundervolle Töchter und genieße mein Leben in der schönen Natur der Tiroler Berge.

Schon von klein auf spürte ich die besondere Verbindung zu anderen Menschen, doch erst vor ein paar Jahren begann mein eigener spiritueller Weg, der mich zutiefst berührte und mein Herz öffnete. Heute lebe ich meine Berufung in meiner spirituellen Praxis, in der ich Heilarbeit, Jenseitskontakte und verschiedene Seminare und Vorträge über die Geistige Welt anbiete.

Zudem unterstütze ich als spirituelle Beraterin in Einzelgesprächen sowie in Workshops und Retreats Menschen bei ihrer Selbstliebe, auf ihrem Weg in ihre eigene Stärke, in ihre ureigene Kraft. Ich helfe ihnen dabei, ihre weibliche Energie wieder zu integrieren, egal, ob Mann oder Frau, und gehe mit ihnen den Weg der Vergebung. Meine Berufung ist es, die Menschen auf ihrem spirituellen Weg zu begleiten. Ich selbst sehe mich als Wegbereiterin und Wegbegleiterin.

Auch mein Leben war nicht immer ein Zuckerschlecken. Es war geprägt von Höhen und Tiefen, schönen und weniger nährenden Ereignissen. Als ich mich vor vielen Jahren von meinem ersten Mann trennte, musste ich mir, wie viele von uns, ein neues Leben aufbauen, gemeinsam mit meinen damals 9 und 11-jährigen Töchtern.

Um das Leben bestreiten zu können, hatte ich drei Arbeitsstellen gleichzeitig – es war ein Leben am Limit, sowohl körperlich als auch geistig. Wäre ich in dieser Zeit mit meiner persönlichen Entwicklung bereits so weit gewesen wie heute, wäre alles viel einfacher zu bewältigen gewesen.

Doch ich möchte diese Zeit nicht missen – und auch nicht meine erste Ehe, denn all diese Jahre haben mich genau zu dem Menschen gemacht, der ich jetzt bin. Erst mit all diesen Erfahrungen und Meisterungen des Lebens kann ich andere Menschen verstehen und sie unterstützen, weil ich weiß, was es heißt, von ganz unten wieder aufzustehen und neu zu beginnen, all seinen Mut zusammenzunehmen, ganz egal, wie sich das Umfeld dazu äußert – und all das ganz ohne Hilfe und Unterstützung von außen.

Der Mensch hat eine unbändige Kraft in sich, die er entweder gegen oder für sich verwenden kann.

Das Leben will dir nichts Böses, will dich nicht schikanieren oder aufhalten. Es ist immer ein Spiegelbild deiner Gedanken, Gefühle und Taten. Es kommt immer darauf an, wie du auf das Leben reagierst, wie du damit umgehst. Ob du dich als Opfer der Umstände siehst, oder als Schöpfer deiner Zukunft. Die Veränderung kannst einzig und allein DU herbeiführen.

Indem mir das bewusst wurde, erkannte ich die große Chance, die sich mir bot. Ich kann mich täglich, ja, eigentlich in jeder einzelnen Minute, dafür entscheiden, mein Leben in die Hand zu nehmen und zu verändern. Denn in mir ruht die wundervolle schöpferische Kraft – genauso wie in dir.

Dein Seelenreiseführer

Hier bekommst du immer wieder Fragen an die Hand, damit du dich und deine momentane Lebenssituation liebevoll hinterfragen und dich so selbst besser verstehen lernst.

Frage 1:
Welche Stationen in deinem Leben haben dich zu dem Menschen gemacht, der du jetzt bist?

Frage 2:
Wer waren deine wichtigsten Reisebegleiter bis jetzt?

Frage 3:
Welche Erfahrungen hat deine Seele bist jetzt in diesem irdischen Leben machen können?

Frage 4:
Wie kannst und möchtest du dein Leben zum jetzigen Zeitpunkt als dein eigener Schöpfer positiv verändern?

2.

Station deiner Seelenreise

Warum es so ist, wie es ist, und warum du plötzlich diesen Ruf der Veränderung spürst

Als du geboren wurdest, hattest du noch diese wundervolle Verbindung zu deiner Seelenheimat. Du wurdest aus reiner Liebe gezeugt (in dem Sinne, dass dir als Seele Raum geboten wurde zu entstehen – nicht bei jedem von uns war der Akt der Empfängnis ein Liebesakt), aus der reinen Liebe wurdest du geboren, und reine Liebe warst du.

Das ist auch der Grund, warum wir in einen Zustand der Verzückung geraten, wenn wir Babys im Arm halten und betrachten. Sie strahlen pure Liebe aus und lassen unser Unterbewusstsein eine tiefe Erinnerung hervorholen. Wir fühlen uns durch diese kleinen Wesen an unsere Urheimat erinnert.

Leider wurdest du in kürzester Zeit auf den Boden der Realität geholt. Bereits als Baby und Kleinkind wurde dir beigebracht, dass du so, wie du bist, doch nicht so liebenswert bist, wie du es fühltest. Du musstest dich schon in den ersten Monaten und Jahren anpassen und hast begonnen, darauf zu reagieren, damit du möglichst viel Aufmerksamkeit und Liebe deiner Eltern bekommst und ihre Wünsche erfüllen kannst.

Dir wurde mehr und mehr bewusst, dass deine Eltern positiv darauf reagieren, wenn du brav und lieb bist, wenn du dich ruhig und unauffällig verhältst, und hast Liebe und Aufmerksamkeit dann bekommen, wenn du ordentlich und folgsam warst.

Kinder sind hochsensible Wesen und nehmen die Schwingungen ihrer Bezugspersonen ganz intensiv wahr.

Für deine Seele waren das die ersten Momente, um zu erfühlen, was es bedeutet, bewertet zu werden, nicht geliebt zu werden, nicht „richtig" zu sein, vielleicht auch ausgegrenzt und abgeschoben zu werden. Du hast mehr und mehr erlebt, dass du so, wie du bist, doch nicht so „richtig" und liebenswert bist.

In diesen Monaten und Jahren hast du dich aus deinem Herzen entfernt und bist unbewusst, und ohne es zu wollen, in den Kopf, in deinen Verstand übergewechselt – du hast dich und deine Seele verloren, deine Verbindung zur All-Liebe endgültig aufgegeben, weil du dich dem Schatten, also der Angst, dem Gegenteil von Liebe, zugewandt hast.

Du hast die Angst kennengelernt, nicht gut genug zu sein, nichts richtig zu machen, dich ohnmächtig und klein zu fühlen, nicht der Norm zu entsprechen, dich anpassen zu müssen, um nicht aufzufallen,und ruhig und unauffällig zu sein.

Das war genau das, was deine Seele erfahren wollte. Nur so konnte sie das Gefühl des Getrenntseins erleben, nur so ist es dir jetzt überhaupt möglich, den Unterschied zu erkennen zwischen Liebe und Fehlen von Liebe, zwischen Licht und Schatten, zwischen Frieden und Kampf, zwischen Freude und Traurigkeit, zwischen Erfüllung und Leere.

Du warst während deines ganzen bisherigen Lebens bewusst , oder öfter unbewusst, auf der Suche nach dieser Liebe und Erfüllung und hast die Trennung tief in dir immer wahrgenommen.

Der Schatten begegnete dir während deiner bisherigen irdischen Reise immer wieder. Das Leben brachte dich wieder und wieder in dieselben Situationen, setzte dir denselben Typ von Menschen vor die Nase, damit du immer und immer wieder diese unbewusste Trennung von dir selbst spüren konntest. Das Leben ist ein Spiegel – in dem du immer wieder dich selbst sehen und erkennen kannst. Wenn du möchtest, dass der Spiegel dich anlächelt, dann musst du hineinlächeln – der Spiegel ist starr und unveränderlich.

Je mehr wir uns entwickeln, uns öffnen für einen neuen Weg, für eine neue Sicht der Dinge, für die Möglichkeit, dass es da mehr gibt, als wir bis hierher wahrgenommen und geglaubt haben, umso mehr bekommen wir tief in unserem Inneren das Gefühl: Da fehlt etwas, da muss es noch etwas geben, das uns erfüllt, uns nährt und stärkt.

Bis jetzt hast du im Außen danach gesucht, aber inzwischen hast du gemerkt, dass du dort jahrelang vergebens suchen kannst. Also muss es etwas in dir geben, das alles Bisherige in deinem Leben in den Schatten stellt. Wenn du bisher nur auf der Suche warst, ohne anzukommen, eine Reise ohne Ziel und sicheren Hafen hinter dir hast, dann musst du eine neue Route eingeben, eine Route mit neuen Koordinaten und einem neuen Ziel: DEN LEUCHTTURM IN DIR ZU FINDEN!

Mein persönlicher Reisebericht für dich

Jahrelang irrte ich durch mein Leben. Getrieben davon, meinem Umfeld zu gefallen, allen gesellschaftlichen Normen zu entsprechen, eine brave und aufmerksame Tochter zu sein, Bilderbuchhausfrau und Mutter, eine Angestellte, die man sich als Chef nur wünschen konnte, Ehefrau, die alles im Griff hatte, und, und, und...

Doch das Einzige, was mich wahrlich im Griff hatte, war das Leben. Nicht ich lebte mein Leben – sondern das Leben lebte mich.

So verging Jahr um Jahr. Die Unzufriedenheit wuchs und wuchs, doch ich suchte nur im Außen nach Veränderung, nach Schuldigen. Sogar dem Leben gab ich ab und an die Schuld dafür, dass es nicht so lief, wie ich es mir vorstellte.

Ich fühlte mich leer, unerfüllt, allein und getrieben von einer inneren Unruhe, besuchte Kurse, machte Ausbildungen, ging auf Seminare und Vorträge – ständig unterwegs und auf der Suche.

Eigentlich war mir gar nicht bewusst, wonach oder nach wem ich suchte. Dabei war die Antwort im Grunde so einfach:

Ich suchte mich!

Genauso wie du suchte ich im Außen nach einem Anker, an dem ich mich festhalten konnte. Doch dabei verirrte ich mich mehr und mehr, zog mich innerlich mehr und mehr zurück, weil das Leben ja so ungerecht war und keiner mir meine Wünsche erfüllen konnte. Schon gar nicht das Leben selbst. Diese Jahre des Getrenntseins waren, in der Rückschau gesehen, die größte

Herausforderung, aber auch die größten Meilensteine auf dem Weg der Entwicklung meiner Seele.

Ich musste durch dieses tiefe Tal der Trennung gehen, um zu erkennen, was mich er- und ausfüllen kann. Es geht nicht darum, sich über sein Leben zu nähren, weil das nur für kurze Zeit satt macht, sondern es geht darum zu erkennen.,dass die wahre Erfüllung darin besteht, sich zu finden und die ureigene Kraft in sich neu zu entdecken und einzusetzen.

Doch diese Erkenntnis traf mich nicht über Nacht. Oh, nein, es war ein langer Weg. Nimm dir also genügend Zeit für deine Reise, Rom wurde ja auch nicht an einem Tag erbaut.

Mit deinem bewussten JA gibst du den Startschuss und gewinnst die Stärke, die du brauchst, um alle Hindernisse aus dem Weg zu räumen, damit deine Reise Fahrt aufnehmen kann.

Dein Seelenreiseführer

Frage 1:
In welchen Bereichen deines Lebens fühlst du dich einsam und im Stich gelassen?

Frage 2:
Hast du das Gefühl, dass das Leben dich lebt?
Hältst du die Zügel in der Hand, oder hast du die Führung abgegeben? Wenn ja, in welchen Bereichen?

Frage 3:
Schenkst du dir bereits selbst die Aufmerksamkeit und Liebe, die du verdienst?

Frage 4:
Behandelst du dich selbst wie deinen besten Freund?

3.

Station deiner Seelenreise

Entdecke dein Seelenlicht – Es will in dir leuchten

Du weißt nun, und spürst es vielleicht schon länger, dass in dir etwas schlummert, eine vertraute Stimme, ein dir bekanntes Gefühl anklopft und dich wachrütteln möchte.

Die langen Jahre, in denen du geglaubt hast, DU wärst einzig und allein dieser irdische Körper, dürfen nun zu Ende gehen.

Öffne deine Augen nun Stück für Stück nach innen und erkenne das Leuchten in dir. Du trägst ein wundervolles Seelenlicht in dir, das bereit ist, zu wachsen und über dich hinaus zu scheinen. Diese göttliche Präsenz in dir ist dein wahres Sein, deine Lebensessenz. Dieser irdische Körper dient dir als „Fahrzeug" und Heimat deiner Seele. Doch dein wahres ICH ist diese Reinheit in dir, diese einzigartige Seele, das bist DU.

Versuche nun wieder, dieses Seelenlicht in dir und in deinem Bewusstsein zu integrieren. In dir ist alles gespeichert, was du in all den Leben gelernt und in diese Inkarnation mitgebracht hast. Dort liegt deine Wahrheit verborgen. Wenn du dieses Licht zum Scheinen bringst, erhält dein jetziges irdisches Sein ein völlig neues Bewusstsein.

Sei bereit, dich führen zu lassen. Vertraue deiner inneren Stimme, die du wahrnimmst. Dein Vertrauen ist das größte JA und dein größter Katalysator, um vorwärtszukommen. Denn wenn du dir vollkommen vertraust und dich hingibst, dann können sich für dich Türen öffnen, von denen du nicht einmal geahnt hast, dass es sie gibt.

Vertraue darauf, dass deine Seele dich führt, immer schon geführt hat – über deine Intuition und dein Bauchgefühl.

In Wahrheit warst du nie von deiner Seele getrennt, einzig und allein der Schleier des Vergessens hat dich und deine Seele davon abgehalten, euch bewusst zu sein, dass ihr eins seid.

Wenn du diese Verbindung wieder aufleben lässt, dann erfährt deine Leben eine komplette 180°-Wende.

Deine Seele kennt deinen Weg. Sie möchte dich unterstützen, dich auf deiner Reise begleiten, dich führen und größere Umwege von nun an vermeiden.

Du merkst dann, dass die sogenannten „Zufälle" in deinem Leben mehr und mehr zunehmen, dass alles zu dir kommt, was du für deinen nächsten Schritt brauchst. Menschen, Situationen, Lehrmeister, dieses Buch und andere Bücher, Wissen, Kurse, Ausbildungen – alles findet wie von allein zu dir. Immer genau passend und immer zur exakt richtigen Zeit. Das nennt man die „Synchronizität" des Universums (zeitgleiches, kausal nicht erklärbares Zusammentreffen von psychischen und physischen Vorgängen – Anm. des Verlags).

Stell es dir vor wie ein riesengroßes Band, das sich um die Erde spannt. Jeder Gedanke, jedes Gefühl, jede Information eines jeden Menschen ist hier gespeichert und jederzeit abrufbar. Auch deine Wünsche und Ideen. Der Zugang dorthin ist immer – war schon immer – für dich geöffnet. Doch mit deinem Vertrauen in deine Seele bekommst du einen neuen Schlüssel in die Hand, einen direkten Zugang, dein persönliches Highspeed-Netz. ☺

Dein Weg ist dir von Anbeginn vorbestimmt. Aber du allein entscheidest von nun an, in welchem Tempo er sich erfüllen darf. Wenn du dir selbst noch Steine in den Weg legen willst und deinen Weg erschweren möchtest, dann bleib so, wie du bist.

Wenn du aber deinen Weg in die Meisterschaft voller Tatendrang und Mut beschreiten möchtest, gefüllt mit Liebe und Erfüllung, in dem Bewusstsein, dass dich ein wahres Wunder erwartet, dann mach dich auf den Weg, geliebte Seele: Sei bereit und setze den ersten Schritt.

Ich kann dir mit diesem Reiseführer
Unterstützung geben – losgehen musst du ganz allein!

Meditation: Wie du dein Seelenlicht entdeckst

Begib dich mit der folgenden Meditation auf die Reise nach innen und stell die wundervolle Verbindung zu deiner Seele wieder her.

**

Atme ein paar Mal tief ein und aus und komm über deinen Atem zur Ruhe. Spüre, wie du kalte Luft ein- und warme Luft ausatmest. Gedanken dürfen kommen und gehen, sie ziehen vorüber wie Wolken am Himmel.

Atme ein ... atme aus ... atme ein ... atme aus – ganz in deinem Rhythmus.

Spüre deinen Körper, nimm Verbindung zu ihm auf. Mit jedem Atemzug fühle ihn mehr und mehr.

Was teilt er dir mit? Spürst du eine Enge? Eine Schwere? Druck? Nimm es einfach nur wahr... Fühle deinen Körper – alles darf nun sein.

Wenn du ein Gefühl wahrnimmst, dann atme ganz bewusst dorthin. Lenke durch die Atmung deine Energie genau auf diese Blockade, lass die Liebe dorthin fließen.

Dein Körper genießt es, wenn er deine Aufmerksamkeit erhält. Spüre und fühle ihn ganz bewusst.

Beim nächsten Atemzug gehe mit deiner Aufmerksamkeit zu deinem Bauchnabel, zu deinem Nabelchakra – atme ganz bewusst dorthin.

Hinter deinem Nabelchakra entdeckst du nun ein kleines Leuchten, vielleicht ist es ein Licht, eine Kerzenflamme, ein hel-

ler Schein. Nimm es einfach wahr und spüre dort hinein. Was zeigt sich dir?

Es ist dein Seelenlicht, das in dir leuchtet

Spüre die Kraft, die von diesem Leuchten ausgeht, dich erfüllt, dich wärmt und nährt.

Dehne nun mit jedem Ausatmen dieses Licht in deinem Körper aus. Lass es größer werden, wärmer, heller leuchten – lass es in deinen ganzen Körper fließen, in deinen Oberkörper, in dein Becken, in deine Arme bis in die Fingerspitzen, in deine Beine bis in die Zehen, über deine Schulter in deinen Nacken und in deinen Kopf. Erfülle jede Zelle, alle Organe, so lange, bis dein ganzer Körper erleuchtet ist von deinem Seelenlicht. Spüre, wie wundervoll sich das anfühlt, welche Liebe du spürst, welche einzigartige Verbindung du wahrnimmst

Diese Kraft ist dein wahres Ich. Du bist diese wundervolle Essenz, diese Ur-Liebe.

Wenn dein Körper komplett erfüllt ist und hell leuchtet, dann dehne dein Seelenlicht über dich hinaus aus in deine Aura, lass es sich mit jedem Ausatmen über dich ausdehnen. Wie ein großes Ei umhüllt es dich und deine Chakren. Stell es dir vor wie einen großen Kokon. Fühle dich vollkommen eingehüllt, beschützt und behütet.

Spüre diese neugewonnene Verbindung solange du möchtest. Dann komm wieder zurück ins Hier und Jetzt. Atme ein paar Mal tief ein und aus, strecke dich und öffne deine Augen.

**

Hast du diese wundervolle Energie gespürt? Diese Liebe in dir? DU bist dieses Licht, diese Seele.

Je öfter du diese Übung machst und dich mit deinem inneren Leuchten verbindest, umso mehr kannst du wieder den wundervollen Zugang zu deiner Seele finden. Du integrierst somit dein wahres DU immer mehr in dieses irdische Du, das du momentan lebst.

Es gilt nun, täglich diese Verbindung herzustellen und deine Seele wirken zu lassen, denn sie kennt deinen Lebensplan, das Ziel, das du nun ansteuern darfst und sollst.

https://www.sabine-huber.at/lp/seelen-reisefuhrer-download/

Mein persönlicher Reisebericht für dich

Als ich bewusst meine Reise begann und erkannte, dass ich diese reine Seelenessenz bin und dieses irdische Leben nur eine Erschaffung meiner eigenen Realität ist, begann eine einzigartige Wende in meinem Sein.

Wundervolle Menschen traten in mein Leben, die mich nährten, die genau zum richtigen Zeitpunkt kamen, die mich teilweise auch sehr herausforderten. Doch mit dem Wissen, dass jeder von uns eine Seele auf ihrem Lernpfad ist, konnte ich plötzlich die Mitmenschen anders wahrnehmen. Ich erkannte sie als Chance für mein eigenes Vorankommen, als Hilfe und Unterstützung, damit ich selbst bei mir noch gewisse Dinge ins Reine bringen konnte und kann und über meine Wahrnehmung des Außen stets eine Verbindung zu meiner Seele und zu meinem Herzen stattfindet. Wenn ich meine Umwelt mit liebevollen Augen betrachte, dann erzeugt dies auch unweigerlich Liebe in mir, dann erkenne ich, dass wir nicht voneinander getrennt, sondern alle über diese allumfassende Liebe miteinander verschmolzen sind.

Ich lasse dieses Seelenlicht immer wieder hell in mir leuchten, fülle meinen Körper damit auf und aus. Diese wundervolle Kraft in mir stärkt mich in meinem täglichen Tun, und es intensiviert die Verbindung zu meiner Urheimat – zur Geistigen Welt.

Dein Seelenreiseführer

Frage 1:
Lässt du dich schon von deiner Intuition, deinem Bauchgefühl, führen und leiten?

Frage 2:
Bist du bereit, gemeinsam mit deiner Seele nun deinen Weg zu gehen? Spürst du es, dass du mehr bist als dieser irdische Körper? Was nimmst du wahr?

Frage 3:
Bist du bereits auf deinem Lebensweg? Fühlt sich dein momentanes Leben für dich stimmig und erfüllend an?

Frage 4:
Wie fühlt es sich für dich an, mit deinem Seelenlicht in Verbindung zu treten? Siehst du Farben, Bilder, spürst du Emotionen?

4.

Station deiner Seelenreise

Die wundervollen „Zufälle" des Universums

Was bedeutet Spiritualität für dich? Worum geht es, wenn du das Wort „Erwachen" hörst?

Für mich persönlich bedeutet Spiritualität, dass ich bewusster durch mein Leben gehe. Ich nehme mich und meine Umwelt mit all meinen Sinnen wahr. Ich spüre, dass ich mit allen Lebewesen, ob Mensch oder Tier, liebevoll verbunden bin. Diese Erde voller Wunder, auf der ich leben darf, schenkt mir einen einzigartigen Lebensraum, den ich beschützen darf.

Erwachen bedeutet, in allem, was mir begegnet, diese wundervolle Präsenz der All-Liebe zu entdecken. Je mehr du wieder an dein altes Wissen, an die Verbindung zu deiner Seele, anknüpfst, umso offener wirst du als Kanal für die liebevolle Führung deines Herzens, deiner Seele und des Universums. Es ist völlig egal, ob wir diese Führung nun Gott, Engel, Ahnen, geistiges Team oder wie auch immer nennen, es gilt, einzig und allein daran zu glauben und dieses Geschenk mehr und mehr wahrzunehmen.

Denn die Geistige Welt arbeitet auf Hochtouren, um dich auf deinem Weg zu unterstützen, zu begleiten und zu führen.

Ich bin immer wieder erstaunt, welche Fäden im Hintergrund gesponnen werden, und wir als irdische Seelen uns dann nur noch darauf einlassen müssen, damit jeder zur richtigen Zeit am richtigen Ort ist – eine geniale Meisterarbeit unserer Führung!

Große Dankbarkeit und Demut dürfen uns durchfließen, wobei wir uns immer mehr bewusst machen dürfen, dass wir durch „Zufälle" und gleichzeitig auftretende Ereignisse durch unser Leben geführt werden.

Um alle diese Zufälle wahrnehmen zu können, ist es für dich wichtig, dass du präsenter wirst und mehr und mehr im Hier und Jetzt lebst. Abgelenkt vom Außen im hektischen Treiben des Alltags, können solche Führungen oftmals ins Leere laufen. Öffne daher alle deine Sinne und erkunde spielerisch diese Zusammenarbeit. Achte auf die „Zeichen".

Wenn du das Gefühl verspürst, etwas Bestimmtes tun zu müssen, dann hör auf zu hinterfragen – vertrau deinem Bauchgefühl – und tu es!

Wenn du den Impuls verspürst, irgendwo hingehen zu müssen oder jemanden anzurufen – dann tu es!

Wenn es dich irgendwo hinzieht – ob mit deinem Blick oder du einfach weißt, du musst dorthin – dann tu es!

Am Anfang wird dir dein Verstand immer wieder einzureden versuchen, dass du dir dies alles nur einbildest. Aber irgendwann wird es ganz normal, weil du dann darauf trainiert bist, achtsamer zu sein, mehr im Augenblick zu bleiben und die vielen kleinen und großen Wunder wahrzunehmen.

Glaube mir, es macht richtig Spaß und bringt dich mehr und mehr zum Staunen, was alles möglich ist.

Ich glaube, die Geistige Welt hat einen ganz simplen Slogan:

Geht nicht – gibt's nicht!

Ich könnte ein ganzes Buch schreiben mit all den „zufälligen" Begegnungen und Begebenheiten in meinem Leben. Nun, einige davon möchte ich im Nachfolgenden unbedingt mit dir teilen.

Mein persönlicher Reisebericht für dich

Ich erzähle dir nun die einzigartige Geschichte, wie es überhaupt dazu gekommen ist, dass du nun mein Buch in Händen hältst – und ja, alles hat sich tatsächlich so zugetragen, wie ich es dir erzähle, auch wenn es sich beinahe wie eine phantasievolle Geschichte anhört:

Angefangen hat alles damit, dass ich 2018 zum Engelkongress nach Stuttgart fuhr. Im Vorfeld gab es ein Preisausschreiben mit einem einzigartigen Preis. Noch nie in meinem Leben hatte ich zuvor etwas gewonnen, daher machte ich mir auch hier keine allzu großen Hoffnungen. Doch du wirst es nicht glauben: Der Hauptpreis ging an mich: Ein persönliches Engel-Reading im Rahmen des Engelkongresses bei der Grande Dame der Engelwelt: Diana Cooper!

Für mich als Engelheilerin war dieser Gewinn ein Geschenk des Himmels. Ich wusste, die Geistige Welt hatte mir etwas Wichtiges mitzuteilen.

Doch dieses Reading übertraf alle meine Vorstellungen.

Da saß ich Diana Cooper gegenüber, sie sah mir in die Augen und erzählte mir, dass wir uns bereits kennen würden. Wir hätten als Priesterinnen zu Zeiten von Atlantis im Tempel der Liebe gedient und dort gemeinsam gewirkt. Ich wäre wieder zur jetzigen Zeit inkarniert, weil ich den Auftrag schon damals angenommen hätte, die Menschen in die Neue Zeit zu führen und zu begleiten. Und ja, ich sei bereit, ein Buch zu schreiben – die Geistige Welt würde bereits warten!

Da blieb mir erst einmal die Luft weg. Ich war sprachlos! Mit allem hatte ich gerechnet, aber das überstieg dann doch meine Erwartungen, wie du dir sicher vorstellen kannst.

So begann ich, als Engelmedium dieses Buch zu channeln, und war begeistert und erstaunt, wie liebevoll ich dabei begleitet wurde.

Als das Manuskript fertig war, ging es daran, einen Verlag dafür zu finden.

Und jetzt wird's spannend, denn hier siehst du, wie die Geistige Welt Meisterarbeit im Hintergrund leistet, und wie wichtig es auch für dich ist, dass du auf deine Intuition und innere Stimme hörst und deinen Impulsen nachgibst, ohne dich zu hinterfragen, einfach im Vertrauen, dass es so kommt, wie es kommen soll.

Ich hatte mein Manuskript zu diesem Zeitpunkt, als diese nächsten wundersamen Fügungen geschahen, an fünf verschiedene Verlage geschickt, erst eine Woche zuvor.

Doch die Geistige Welt hatte andere Pläne und sich ihren eigenen Verlag ausgesucht.

Der Kater meiner jüngeren Tochter war während ihres Urlaubs verschwunden. Daher traf ich mich mit meiner älteren Tochter in der Stadt Hall in Tirol, um ihn zu suchen. Nach einem gemeinsamen Kaffee gingen wir noch in mein Lieblingsgeschäft, dem „Haus der Geschenke", ein wenig stöbern, als ich bei der Kassa von der Besitzerin des Geschäfts angesprochen wurde, ob ich denn schon mein Buch veröffentlicht hätte. Ich sagte: „Nein, ich bin noch auf der Suche."

Da sprach mich plötzlich von der Seite ein Mann an mit den Worten: „Suchen Sie zufällig einen Verlag? Ich bin Vertreter des

Smaragd Verlags, schicken Sie mir Ihr Manuskript, ich werde es gerne weiterleiten."

Ich traute meinen Ohren nicht! In dem Augenblick wussten wir, dass gerade etwas Magisches und Geführtes passierte. Wie in Zeitlupe, als wäre die Welt stehen geblieben, vergingen die nächsten Minuten. In Trance und völlig neben mir, verließ ich das Geschäft und musste mich erst einmal setzen. Hatte ich das wirklich erlebt? Dieser Mann war ein Erdenengel für mich – geschickt, um mich zum richtigen Verlag zu führen.

Doch nicht genug: Da kam schon der nächste Impuls! Ich sollte meinen Blick nach oben wenden und auf das gegenüberliegende Haus schauen. Und was sah ich dort? Auf etwa fünf Meter Höhe war ein Fresko an der Wand, das einen Mann zeigte, der ehrfürchtig auf ein Kreuz über sich sah und seine Hände auf der Brust gefaltet hatte – und unter ihm auf einem Tisch lag ein aufgeschlagenes Buch. Wieder sprachen die Engel zu mir!

Voller Dankbarkeit war mir klar: Ab nach Hause und schnell das Manuskript an diesen Vertreter weiterleiten.

(Anmerkung 1: Dieser Vertreter hatte auch noch den gleichen Vornamen wie mein Mann!)

(Anmerkung 2: Der Kater meiner Tochter kam am nächsten Tag wieder nach Hause, als wäre nichts gewesen!)

Ja, und so wurde ich zum wundervollen Smaragd Verlag geführt, und so ist dieses Buch „auf die Welt" gekommen.

(Anmerkung 3: Ich bin Oma eines kleinen Sternenkindes, das genau diese meine Tochter, die mit mir damals im Geschäft stöbern war, und ihr Freund auf den Namen Mara getauft haben. Rate mal, wie die Inhaberin des Verlages heißt?

Ein wirklich äußerst seltener Name, und schon wieder ein Zeichen des Himmels!)

Welche wundervolle Führung im Hintergrund durch die Geistige Welt hier geschah, die die Impulse an alle Beteiligten weitergab, die hier gemeinsam gewirkt haben, zur richtigen Zeit am richtigen Ort waren, genau ihren Impulsen gefolgt sind und den Auftrag somit erfüllten.

Danke! Danke! Danke!

Dein Seelenreiseführer

Frage 1:
Erlebst du schon diese wundervollen „Zufälle“ in deinem Leben? Wenn ja, schreibe sie dir auf, damit du sie immer wieder nachlesen kannst. Erstelle dir dein eigenes Synchro-Tagebuch.

Frage 2:
Wie sehr vertraust du schon deinen Impulsen? Folgst du ihnen, ohne dich zu hinterfragen?

Frage 3:
Bist du bereit, die Hilfe des Universums anzunehmen? Achtest du schon auf die vielen kleinen und großen Zeichen?

Frage 4:
Fallen dir im Nachhinein ein paar Situationen ein, wo genau solche „Zufälle“ dich zur richtigen Zeit am richtigen Ort sein ließen?

5.

Station deiner Seelenreise:

Entdecke die Geistige Welt als deinen ständigen liebevollen Begleiter

Wenn du dich selbst als diese wundervolle Seele wiedererkannt hast, dann weißt du auch, dass du Teil eines großen wunderbaren Ganzen bist. Viele lichtvolle Wesen umgeben dich und unterstützen dich bei deiner Heilung.

Wenn auch du dir dieser innigen Verbindung wieder gewahr werden möchtest und zulässt, dass sie ein Teil deines Lebens wird, werden Wunder geschehen. Öffne dich für die Möglichkeit, dass du nicht allein bist, nie allein warst, und nie allein sein wirst. Du bist selbst ein energetisches Wesen, das momentan in einem irdischen Körper seine Erfahrungen macht. Doch du bist reine Energie, und die reine Energie des Himmels ist immer an deiner Seite.

Wenn du bereit bist, diese Liebe in dir fließen zu lassen, diese Verbundenheit als einen großen Teil deines Lebens anzuerkennen, dann wirst du augenblicklich spüren, dass dein Leben leichter wird, energievoller und sich in Richtung Glück und Vollkommenheit verändern wird.

Du besitzt hier auf Erden den freien Willen, die freie Entscheidung, ob du Unterstützung annehmen und den Glauben an etwas Höheres integrieren möchtest. Doch mit dem Bewusstsein, dass dadurch wahre Wunder geschehen können und werden, wird es dir möglich sein, dein Vertrauen mehr und mehr zu stärken, dich mehr und mehr leiten zu lassen, zu Situationen, Menschen, Begebenheiten. Denn es gibt keine Zufälle – es fällt dir zu!

Die Geistige Welt arbeitet stets im Hintergrund zu deinem besten Wohl. Sie ist immer darauf bedacht, dich zu unterstützen und deinen Lebensweg zu bereichern. Doch es obliegt einzig und allein dir, diese Liebe zuzulassen. Je mehr du dich öffnest und je mehr du diese liebevollen Energien in dein Leben lässt, desto wundervollere Augenblicke wirst du erleben dürfen.

Mein Weg ist nunmehr gesäumt von einzigartigen Momenten. Ich lasse es zu, ich gebe mich hin, ich hinterfrage nicht, sondern lasse es ganz im Vertrauen fließen. Natürlich haben wir meistens keine Ahnung, wo es uns hinführt, doch du darfst darauf vertrauen, dass es genau deinem Seelenweg entspricht, dass dir die Geistige Welt niemals Schaden zufügen möchte, sondern du genau dorthin geführt wirst, wo du hingehörst; dass exakt die Menschen in dein Leben kommen, die du für deinen nächsten Schritt brauchst. Als diese einzigartige Seele hast du dir viel vorgenommen – hier, auf dem Schulungsplaneten Erde, denn die wichtigsten Lektionen für ein Wachstum der Seele können wir nur hier machen. Viele Seelen stehen Schlange, um hier inkarnieren zu dürfen, weil sie dabei wahre Quantensprünge erfahren können.

Keiner sprach von einfach,
aber von sehr wirkungsvoll!

Da die Seele hier ist, um sich zu entwickeln, Erfahrungen zu machen, Karma abzulösen, braucht es viel Mut, diesen Weg zu gehen und sich zu entscheiden, hier zu inkarnieren. Daher ist es sehr wichtig, dass du die Hilfe der Geistigen Welt annimmst. Denn unsere Helfer dort wissen, was das Beste für dich ist, was dich weiterbringt und dich auf deinem Weg bestmöglich unterstützt.

Bevor du dich entschieden hast, hier auf die Erde zu kommen, wurden in einer Sitzung mit deinem Schutzengel und Geistführer, vielen Mitgliedern deiner Seelenfamilie und einer Aufsicht des Geistigen Rats alle Möglichkeiten deines Erdenlebens durchgegangen. Dein Schutzengel, dein Geistführer und du – ihr habt gemeinsam entschieden, was du als Seele noch zu lernen hast, bei welchen Themen du dich weiterentwickeln möchtest, mit welcher anderen Seele du dich in diesem Leben verbinden möchtest oder solltest, damit karmische Verbindungen, die in früheren Leben entstanden sind, sich wieder auflösen dürfen. Du hast auch hierbei mit deinem freien Willen entschieden, wer du sein und was du erleben möchtest. Du bist also hier, weil du es selbst so wolltest, um dich weiterzubringen. Weil du wachsen möchtest.

Unter diesem Aspekt kannst du auch die Menschen um dich herum liebevoller betrachten. Denn keiner hat nur annähernd eine Ahnung davon, was die beiden Seelen vor der Inkarnation abgesprochen haben, keiner kennt die Vergangenheit seines Gegenübers, denn keiner ist wie du.

Somit können wir unser Herz wieder in Liebe öffnen, in der bedingungslosen allumfassenden Liebe, denn wir sind alle einzigartige Seelen auf einem Weg der Erfahrung, des Lernens – oftmals gefangen in einem Prozess der Läuterung und dem Gefühl, dass es keinen Ausweg gibt. Doch im Einklang mit deinem Herzen und der Liebe, die in dir fließt, kannst du alle Höhen und Tiefen meistern. Denn du bist wundervoll! Und eine mutige Seele!

Je mehr du das tiefe Vertrauen in dir stärkst und nährst, dass du von unendlicher Liebe getragen und unterstützt wirst, umso leichter fällt es dir, dich den Gegebenheiten anzupassen, dich fallenzulassen in die gegenwärtigen Ereignisse und Situationen. Dann erkennst du mehr und mehr, dass immer alles nur mit dir selbst zu tun hat, dass nicht das Außen daran schuld ist; dass keiner dir etwas Böses will – und schon gar nicht die Geistige Welt. Dann bist du auf dem Weg des Aufstiegs deiner Seele und erkennst als Mensch, dass alles immer nur zu deinem Besten geschieht. Im Augenblick des Seins können wir unser Herz öffnen für all die verschiedenen Möglichkeiten, die sich uns bieten, denn jede Sekunde haben wir die Chance, schöpferische Gedanken und Handlungen zu setzen.

Wir brauchen nicht mehr ein Teil unseres Lebens zu sein, wir werden zum Leben selbst. Wir erkennen unsere einzigartigen Chancen an, um zu wachsen und unsere Seelenenergie anzuheben. Ja, das bedeutet oft auch Schmerz und Kummer, Leid und Aufgabe deiner persönlichen Freiheit. Aber du weißt, dass gewisse Dinge in deinem Leben geschehen dürfen, ja, sogar *müssen*, damit du bestimmte Dinge verstehst und daraus lernst.

Seit du deine Heimat verlassen und den ersten Atemzug hier auf Erden getan hast, ist dein geistiges Team an deiner Seite. Dein Schutzengel begleitet dich über alle Leben. Er ist derjenige, der deine Seele in den irdischen Körper führt und auch bei dir ist, wenn du diese Welt wieder verlässt. Er führt dich wieder zurück ins Licht, in deine Seelenheimat, wo du bereits von deiner Seelenfamilie liebevoll erwartet wirst.

Die Aufgabe deines Schutzengels ist es, dich vor Gefahren zu schützen. Er kennt deinen Seelenplan und weiß, wann du dieses irdische Leben wieder verlassen wirst. Solltest du vor diesem, im Voraus geplanten Ende in eine lebensgefährliche Situation kommen, so darf er deinen freien Willen missachten und dich warnen oder sogar eingreifen, damit dir nichts geschieht und du deinen Seelenweg zu Ende gehen kannst.

Er ist immer an deiner Seite, mit all seiner Liebe für dich.

Jeder von uns hat auch mindestens einen Geistführer, ein Lichtwesen, das bereits selbst die Erfahrungen eines menschlichen Lebens vollzogen hat. Wenn eine Seele auf irdischer Ebene sich so weit entwickelt hat, dass sie nichts mehr in dieser Dimension lernen kann, dann lernt sie als Geistführer, als Begleiter und Lehrmeister auf anderer Ebene dennoch für sich als Seele weiter.

Dein Geistführer wechselt immer wieder einmal im Laufe deines Lebens. Als Kind hattest du einen anderen Seelenfreund und Begleiter als jetzt, und wenn du etwas Neues lernst, einen neuen Weg gehst, dann wird dir genau der Geistführer an die Seite gestellt, der dich bestmöglich mit seinem Wissen unterstützen kann.

Ein Geistführer kennt deinen Weg ganz genau. Gemeinsam habt ihr vor deiner Geburt deine wichtigsten Stationen und „Sehenswürdigkeiten“ geplant. Liebevoll und natürlich auch, ohne deinen freien Willen zu missachten, gibt er dir immer wieder kleine „Schubser“ in die richtige Richtung.

Er leitet dich über dein Gefühl, lässt dich im genau richtigen Moment das Radio einschalten, damit du etwa durch ein Lied die Antwort auf eine Frage bekommst. Er unterstützt dich im Alltag, damit du Termine nicht vergisst. Er erinnert dich an Telefonate und lässt dich, in Absprache mit anderen Geistführern, genau im richtigen Moment am richtigen Ort sein, damit du Menschen triffst, die dir weiterhelfen können.

Das alles als keine „Zufälle" abzutun, ist auch ein wichtiger Schritt auf deiner Seelenreise. Dir wieder der Hilfe deines Teams gewahr zu werden und dich immer wieder einmal dafür zu bedanken – all das stärkt dein Vertrauen, eure Verbindung und eure Liebe.

Meditation und Übung: Verbindung mit deinem Geistführer

In dieser geführten Meditation begleite ich dich liebevoll zu einem ersten Treffen mit deinem Geistführer, um ihn kennenzulernen und die Basis für diese einzigartige Freundschaft zu schaffen.

**

Suche dir einen Raum, in dem du ungestört bist. Komm über deinen Atem bei dir an, werde ruhig und entspannt.

Bitte nun deinen Geistführer, er möge von hinten an dich herantreten, und dann spüre die Veränderung der Energie um dich herum. Vielleicht verspürst du einen leichten Druck auf den Schultern, im Nacken, auf deinem Kopf. Nimm einfach wahr und lass es geschehen.

Bitte nun deinen Geistführer, er möge wieder zurücktreten und nimm abermals die Energieveränderung wahr.

Dann bitte deinen Seelenfreund, dass er noch einmal von hinten an dich herantritt – so nah wie nie zuvor –, damit du ihn intensiv spüren und wahrnehmen kannst.

Vielleicht erkennst du diese Energie wieder, vielleicht ist sie dir bekannt und vertraut. Nimm diese intensive Liebesenergie um dich herum wahr und spüre die Geborgenheit und bedingungslose Liebe für dich.

Wenn du magst, dann bitte deinen Geistführer, er möge seine Hände auf deine Schultern legen. Fühle dich wohl und ge-

borgen, koste diese wundervolle Verbindung aus, bade dich in diesem Gefühl des Eins-Seins.

Dann bedanke dich abschließend bei deinem Freund für seine wundervolle Unterstützung und Begleitung und komm wieder zurück ins Hier und Jetzt.

**

Mache diese Übung immer wieder, tritt wieder ein in diese wunderbare Verbindung. Wenn du dich mit deinem Seelenfreund verbindest, dann kannst du ihm natürlich auch eine Frage stellen und voller Vertrauen auf eine Antwort warten. Vielleicht bekommst du ein Gefühl, siehst Bilder, Farben, vielleicht hörst du eine Stimme, oder aber vielleicht weißt du dann einfach, was zu tun ist.

Wichtig ist, dass du loslässt. Wenn du mit der Geistigen Welt in Verbindung treten möchtest, dann darf das ohne Druck geschehen, denn die Lichtwesen schwingen in einer viel höheren Energie als wir hier auf der Erde. Unsere Dreidimensionalität bedeutet Schwere und eine verdichtete Form von Energien.

Die lichtvollen Wesen des Himmels aber sind feinstofflich und hochschwingend. Damit wir uns miteinander verbinden können, müssen wir uns sozusagen mit der Energie entgegenkommen. Daher ist es viel einfacher für dich, die Engel und dein geistiges Team zu spüren und wahrzunehmen, wenn du selbst in einer höheren Schwingung bist.

Höhere Schwingung bedeutet, glücklich zu sein, frei zu sein – und Leichtigkeit, Liebe, Vertrauen. Niedere Schwingung entsteht bei Ärger, Wut, Enttäuschung, Kummer, Angst und Zweifel.

Daher fällt es uns gerade in Momenten, in denen wir die Hilfe und Unterstützung von der geistigen Ebene so sehr brauchen, so schwer, sie einzuladen oder zu spüren, weil unsere Energie dann zu niedrig ist, und wir zu viel Druck und Anspannung, Schwere und Kampf empfinden.

Und erst dann, im Moment der totalen Hingabe, der Aufgabe, des Sich-fallen-Lassens, kann eine Verbindung geschehen, weil wir dann bereit sind, loszulassen: alle irdischen Gedanken, Konstrukte der Angst und der Einschränkungen, denn dann sind wir bereit, zu vertrauen.

Die Geistige Welt will uns immer helfen und uns unterstützen, doch der freie Wille von uns Menschen lässt ihnen keine andere Wahl, als auf der Reservebank zu warten, bis wir sie um Unterstützung und Hilfe bitten. Daher trau dich! Lade die Geistige Welt in dein Leben ein! Bitte um Führung und Hilfe. Kein Wunsch ist zu klein und unwichtig. Kein Reiseziel zu groß oder unerreichbar. Das Einzige, was zählt, ist dein Vertrauen!

https://www.sabine-huber.at/lp/seelen-reisefuhrer-download/

Mein persönlicher Reisebericht für dich

Als ich mein Herz für mich öffnete, kamen urplötzlich wahre Wunder in mein Leben. Es schien so, als wenn nichts mehr zufällig geschah – es fiel mir zu. Dies zu entdecken und als solches wahrzunehmen, war eine riesengroße Errungenschaft für mein Sein. Ich wusste, da gibt es jemanden, der mich begleitet, der mich behütet und mich führt. Ich spürte wieder diese wundervolle Verbindung zur Geistigen Welt.

Intensive Momente des Wiedersehens und Wiederspürens fanden statt. Ich folgte mit offenen Augen und vor allem offenem Herzen all den Hinweisen, Antworten auf meine Fragen, Ratschlägen, Bildern und Intuitionen meines geistigen Teams.

Ich war bereit, zu empfangen! Ich war und bin im vollen Vertrauen, dass jederzeit Antworten auf meine Fragen, Hilfe auf meine Bitten kommt. Wenn es nicht geschieht, dann liegt es an mir, am Empfänger, indem ich manches nicht verstehe oder schlicht und einfach übersehe oder überhöre.

Die Geistige Welt spricht in den verschiedensten Formen mit dir. Entweder über dein Gefühl, über Farben und Bilder, Worte und Gedanken oder auch über Lieder-, Reklametexte, Überschriften auf Zeitungen, und vieles mehr.

Dafür jedoch musst du offen, musst vor allem aufmerksam sein. Im täglichen Alltag, in der Hektik des Lebens, kann es dann schon mal vorkommen, dass du dich verschließt für solche Botschaften. Deshalb ist die Verbindung mit dir und deiner Seele so wichtig, weil du dann im Hier und Jetzt bist – präsent bist.

Werde daher achtsamer in Bezug auf deine Sinne, dein Bauchgefühl, deine Eindrücke, sensibilisiere dich für deine Umwelt – und, ganz wichtig: VERTRAUE DIR UND DEINEM GEFÜHL!

Das Vertrauen ist der Schlüssel zu deinem Herzen. Mit geöffnetem Herzen erst kannst du fühlen und wahrnehmen. Dein Kopf kann nicht fühlen, er kann nur gegen dich reden, weil er Angst hat, die Oberhand zu verlieren, weil er spürt, dass dein Zugang zu deinem Herzen stärker und stärker wird.

Dein Seelenreiseführer

Frage 1:
Glaubst du an Engel und dein geistiges Team? Wenn ja, wie nutzt du diese Hilfe bereits in deinem Alltag?

Frage 2:
Welche Erfahrungen konntest du in deinem Leben mit den Engeln bereits sammeln?

Frage 3:
Vertraust du deinen Eingebungen? Vertraust du deinem Gespür? Oder hält dich dein Ego noch davon ab?

Frage 4:
Nimmst du die Hilfe des Himmels bereits an?

6.

Station deiner Seelenreise

Wie du dein inneres Leuchten in dein Leben integrierst

Es ist nun an der Zeit, dass du dein Leben erhellst, dein inneres Licht auch nach außen zum Scheinen bringst. Dafür braucht es mehr Energie in dir und in deinen Energiekörpern. Erhöhte Schwingungen lassen dich austreten aus niederen Gedankenstrukturen, Konstrukten von Gedanken und Gefühlen, die auf Angst basieren. Je höher deine Schwingung ist, umso mehr kannst du dich von Angst, Wut, Trauer, Kampf, Zorn und vielen anderen negativen Gefühlen und Gedanken distanzieren.

Deine Aufgabe ist es nun, täglich deine Schwingung zu erhöhen und zu halten, was bedeutet: Du darfst lernen, im Einklang mit dir und deinem Herzen zu leben. Denn wenn du dein Herz als deinen liebevollen Begleiter, deinen Wegweiser und Wegbereiter annimmst, dann hast du den wundervollsten Partner an deiner Seite, den es gibt. Dein Herz offenbart dir in den ersten Sekunden Stimmigkeit oder Unstimmigkeit. Wenn du beginnst, nach deinem Herzen zu leben, wirst du erkennen, dass sich deine Intuition binnen kürzester Zeit vollkommen verändern wird. Diese Verbindung war immer schon da, doch wird sie erst jetzt durch deine Bereitschaft intensiv gelebt.

Knüpfe an dein altes Wissen an, lausche wieder deiner inneren Stimme, kommuniziere mit deinem Herzen und deinem wachen Geist. Nimm Kontakt auf zu deiner Seele. Alle diese wahren Freunde in dir wollen dich begleiten und unterstützen. Der Weg des Einzelgängers als irdisches DU ist nun endgültig zu Ende. Jetzt gilt es wieder, ein Miteinander aufzubauen. Dein Herz und deine Seele warten schon lange darauf, wieder von dir wahrgenommen und gehört zu werden. Seit Anbeginn der Zeit flüstern sie dir zu, schicken dir Bilder und Gefühle, Wissen und Wahrhaftigkeit. Doch nun möchten sie im Team mit dir arbeiten und ein Teil deines Ichs werden.

Wenn du erkennst, dass du nicht dieser irdische Körper bist, sondern diesen nur besitzt, um das Leben zu erfahren, dann gehst du einen großen Schritt vorwärts. Dann kannst du mehr und mehr nach dem Klang deiner Seele leben und wirken. Du spürst dann und weißt, dass du dich auf dem richtigen Weg befindest und ihn unbeirrt weitergehen willst und wirst.

Du nimmst tief in deinem Inneren wahr, dass dein wahrer Kern deines Seins deine Liebe zu dir ist, und diese Liebe verbindet dich wieder mit all dem Wissen und den Wahrheiten aus deinem Höheren Selbst. Tiefe Wahrheiten und Erkenntnisse dürfen dann aus höheren Sphären zu dir kommen und dich erfüllen, dein Leben vollkommen machen.

Dadurch erhöhen sich deine Frequenz und deine Schwingungen, was von deinen Mitmenschen als große Veränderung wahrgenommen wird. Sie werden sich vielleicht wundern und dich ansprechen, was du gemacht hast, warum du dich so verändert hast, du vielleicht sogar jünger aussiehst.

Diese tiefe Verbundenheit in dir lässt deine Energien ansteigen, wodurch sich deine Schwingung erhöht, und diese

Schwingung sendest du nach außen. Wenn du in dir Liebe und Akzeptanz spürst und über deine Aura nach außen verbreitest, kommt diese Schwingung genauso bei deinem Gegenüber an. Diese Veränderungen nehmen die Menschen dann in deiner Umgebung bewusst oder auch unbewusst wahr.

Das ist ein großes Geschenk an deine Mitmenschen, denn wenn du dich veränderst, veränderst du die Welt. Alle Individuen in deiner Umgebung werden durch dein Licht erhellt. Dein Liebeslicht erreicht ihre Herzen und regt sie an, mitzuschwingen. Deine Wahrhaftigkeit wirkt auch auf andere und lässt sie wieder ihren wahren Ursprung entdecken.

Liebe wird zu Licht!
Licht erhellt die Welt und die Herzen!

Zünde jetzt dein inneres Licht an. Werde ein Wegbereiter für dich und für viele andere. Die Zeit ist nun gekommen, dass du aufwachen darfst und deinen Seelenweg erkennst. Und genau auf diesen Augenblick hast du dich in der Geistigen Welt vorbereitet.

Es liegt nun an dir, deinen Weg der Veränderung zu beginnen oder weiter zu beschreiten. Setze du ein großes Zeichen für deinen neuen Weg. Benutze deinen Geist und lass alles in dich einfließen, was dich voranbringt.

Indem du dir täglich Zeit nimmst, mehr und mehr zu dir zu kommen, dich mit dir und deinem Herzen zu verbinden, dich zu fragen, was du *für dich* tun kannst, um dein Leben auf Liebe und Vertrauen aufzubauen, umso mehr unterstützt du die Entwicklung deiner Seele.

Schenke dir Augenblicke der Stille und nimm dich bewusst aus deinem stressigen Alltag heraus. Nur so kannst du mit deiner Seele kommunizieren. Bewusste Momente mit dir nähren deine Verbindung zu deinem Herzen, du spürst deinen Körper, erkennst, wo noch Druck und Schwere herrschen, was dein Körper dir mitteilen möchte, was du auf energetischer Ebene noch bei dir verändern darfst, wo du noch nicht dich selbst lebst.

Du brauchst dazu nicht stundenlang in Meditationshaltung zu verweilen. Es genügt, dich über deinen Atem auf dich zu konzentrieren, nach innen zu richten. Indem du bewusst ein- und ausatmest, spürst, wie deine Lunge dich atmet, wie der kalte Atem durch deine Nase einfließt und der warme Atem wieder ausströmt, kommst du bei dir an. Dies benötigt nur ein paar bewusste Augenblicke, und schon kannst du dich wieder spüren und wahrnehmen, kommst bei dir an und wendest dich von deiner äußeren Realität ab, spürst deinen wahren inneren Kern, dein wahres Sein.

Mein persönlicher Reisebericht für dich

Jahrelang habe ich versucht, alles gut zu meistern, jedem zu gefallen, allen Klischees zu entsprechen. Ich bin oft an meine Grenzen geraten und habe nie gelernt, Nein zu sagen. Und um ja anerkannt und geliebt zu werden, habe ich Dinge getan, die ich eigentlich nicht tun wollte.

Erst als ich begann, mich selbst zu lieben, mich selbst zu entdecken und zu finden, wurde mir klar, dass nur ich selbst gut für mich sorgen kann.

Es ist einzig und allein meine Aufgabe, mein bester Freund zu werden. Verwandten, Bekannten, Freunden und sogar fremden Menschen habe ich mehr Aufmerksamkeit, Vertrauen, Zuneigung und Zeit geschenkt als mir selbst.

Zu erkennen, dass, wenn es mir persönlich gut geht, ich meinem Umfeld mehr Liebe und Achtsamkeit schenken kann, war ein großes Geschenk an mich.

Ich begann, im wahrsten Sinne des Wortes zu leuchten. Die Menschen nahmen mich wahr, spürten instinktiv meine Veränderung, fühlten sich von mir angezogen (zumindest viele, einigen wurde ich auch „unheimlich", und sie konnten mit der „neuen" Sabine nicht umgehen, doch auch das darf sein).

Ich komme mehr und mehr im JETZT an, lebe nun bewusst den Augenblick, genieße die Auszeiten mit mir ganz besonders. In diesen Augenblicken darf ganz viel Heilung geschehen, magische Momente erfüllen mich, intensiv entdecke ich mich neu, uralte Fähigkeiten kommen an die Oberfläche und werden in dieses Leben integriert.

Diese ruhigen Minuten und Stunden erlauben es mir, eine wundervolle Verbindung zu meiner Seele aufzubauen, was al-

lerdings nur in stillen Momenten geschieht, indem ich bewusst nach innen gehe und das Licht in mir sehe. Dann spüre ich diese Liebe, diese Verbundenheit, diese Rückerinnerung an meine Heimat. Und in solchen Momenten bin ich erfüllt von unendlicher Liebe und weiß, dass mir nichts geschehen kann, dass ich unsterblich bin.

Dein Seelenreiseführer

Frage 1:
In welchen Bereichen deines Lebens kannst du dir noch mehr Aufmerksamkeit schenken? Wo lebst du noch nicht DEIN Leben?

Frage 2:
Nimmst du dir täglich genug Zeit für dich? Wenn nein, wie kannst du in deinem Alltag Zeit für dich selbst einsparen?

Frage 3:
Hörst du auf deine innere Stimme? Vertraust du bereits deinem Bauchgefühl?

Frage 4:
Hast du bereits positive Veränderungen an dir selbst festgestellt? Wie reagiert dein Umfeld darauf?

7.

Station deiner Seelenreise

Entdecke die Liebe zu dir und verändere die Welt um dich herum gleich mit

Die Zeit ist reif für dein Handeln! Warte nicht länger auf den richtigen Augenblick – denn der richtige Augenblick ist genau JETZT – in diesem Moment!!!

Wenn du deinen Zugang zu deiner inneren Quelle öffnest, dich den wundervollen Chancen hingibst, die sich dir bieten, dann erfährst du die Vollendung deiner Seele und trägst dazu bei, dass das gesamte kollektive Bewusstsein einen riesengroßen Wandel erfahren darf. Das beginnt in jedem Einzelnen, denn wenn du die Welt verändern möchtest, dann beginne zuerst, dich selbst zu verändern.

Wie innen – so außen.
Sei du die Veränderung, die du dir wünschst.

Alles, was du bisher in deinem Leben erlebt hast, egal, ob positiv oder negativ, war eine Vorbereitung auf dein jetziges Leben. Du bist nun bereit, deinen Weg der Meisterschaft zu gehen, sonst würdest du dieses Buch nicht in Händen halten. Du hast diese Einladung angenommen – also bist du bereit!

Lass nun endgültig deine bisherigen irdischen Gedanken- und Glaubensformen los. Das Leben darf dir ab sofort Spaß machen, die Freude darf nun einkehren. Sieh die nächsten Wochen und Monate als eine Lernphase an, in der du dich zu deiner bestmöglichen Version verändern kannst. Deine Aufgabe dabei ist es, dich hinzugeben und die Energien willkommen zu heißen.

Die hohen Energien, die momentan auf die Erde fließen, wollen jeden dabei unterstützen, das Beste aus sich herauszuholen. Sie heben unsere eigene Schwingung an und eröffnen uns somit einen völlig neuen Zugang zu uns selbst. Unser aller Herzen beginnen jetzt heller zu strahlen, weicher und weiter zu werden, damit sie mehr und mehr Liebe in sich aufnehmen können, allen voran die Liebe zu uns selbst.

Wenn du zu den Menschen gehörst, die sich bis jetzt immer in den Hintergrund gestellt und anderen gegenüber zurückgestellt haben, dann darfst du das jetzt verändern. Jede Seele wird nun aufgerufen, sich selbst in den Mittelpunkt zu stellen. Die Zeiten, in denen du dich hinten angestellt und allen anderen den Vortritt gelassen hast, sind endgültig vorbei. Für deinen Aufbruch ist es äußerst wichtig zu erkennen, dass Selbstliebe deine Lebensaufgabe ist und deine wichtigste Mission auf Erden. Die Liebe im Außen kann nur zu fließen beginnen, wenn jede Seele sich zuerst mit Liebe füllt und sich mit Aufmerksamkeit und Achtsamkeit nährt.

Erst dann kann der Kelch deiner Liebe überfließen und der Welt weitergeben, was du an Wundervollem zu verschenken hast. Mit Liebe zu geben bedeutet, ohne Bedingung zu sein, keine Gegenforderungen zu stellen, einfach nur aus der Freude heraus zu verschenken. Doch das erfordert zu allererst die Hingabe an dich. Erst wenn du wieder eins bist mit dir, völlig im Reinen mit deinem Sein, deinem Leben, deinem Herzen, dann kannst du dich öffnen, deinen eigenen Überfluss unter die Menschheit bringen und aus der vollkommenen Liebe wirken.

Die Achtsamkeit dir gegenüber ist ein Geschenk Gottes. Du darfst dich lieben und ehren mit allen Fasern deines Herzens – so, wie die Quelle dich liebt. Das heißt konkret, dass du dich so annehmen darfst, wie du bist. Hör auf, über dich selbst zu urteilen, dich klein und schwach zu denken, dich unwichtig zu nehmen. Jeder Einzelne von euch ist nicht besser oder schlechter als ein anderer. Wenn du das erkennst und dich für diese neue Lebensweisheit öffnest, dann wirst du mehr und mehr Zugang zu deiner inneren Quelle bekommen.

Diese unendliche Schöpferkraft in dir wartet nur darauf, mit dir eine Einheit zu bilden. Sie eröffnet dir Zugang zu den schönen Dingen des Lebens. Alles, was sich bereits von Anbeginn an für dich bereithält, will nun ans Licht kommen. Halte es nicht länger im Dunkeln verborgen. Die Zeit ist reif, dein inneres Licht nach außen strahlen zu lassen.

Du bist eine Seele, die auf Vollendung hofft. Und das geschieht, indem du dich deiner annimmst und mit Liebe umhüllst. Nur du selbst kannst dich nähren – mit allem, was du brauchst. Hast du bisher vergebens im Außen gesucht, dann darfst du dir jetzt gewiss sein, dass kein anderer Mensch dir das geben kann, was du brauchst. Erst wenn du bereit bist, es dir selbst zu geben, dich selbst zu lieben, zu finden, neu zu entdecken, dann wirst du all das – Vertrauen, Selbstachtung, Aufmerksamkeit und Wertschätzung – in deiner Erfüllung finden.

Nun ist die Zeit gekommen, in der du dich selbst mit diesen Gefühlen auffüllen kannst und nicht mehr verzweifelt darum ringen musst, dass andere das für dich übernehmen.

Das zu entdecken und zu fördern ist dein nächster Schritt. Mit einem geöffneten Herzen wirst du mehr und mehr dich selbst lieben lernen. Du spürst dann, dass in deiner inneren Schatzkammer so viel verborgen liegt, so viele kleine und große Wunder, dass du aus dem Vollen schöpfen kannst. Hast du bisher vielleicht geglaubt, dass es nur die anderen können und verdienen, wirst du erleben, dass all das dir plötzlich wie von selbst zufällt.

Wer bereit ist, zu empfangen, dem wird gegeben.

Meditation und Übung:
Wie du dein Herz liebevoll für dich öffnest

Verbinde dich mit deinem Herzen und erkenne diese liebevolle Energie in dir, entdecke deinen Wegweiser für ein Leben voller Freude und Verbundenheit.

Setze dich bequem hin, schließe deine Augen und schau, dass dich nichts einengt. Atme nun ein paar Mal tief ein und aus, und bei jedem Ausatmen lass alles los, was dich gestresst hat, was dich verärgert hat, was du jetzt nicht mehr brauchst – lass alles los. Gedanken dürfen kommen und vorüberziehen wie Wolken am Himmel.

Gehe nun mit deiner Aufmerksamkeit zu deinem energetischen Herzen, das sich in der Mitte deines Brustkorbs befindet, spüre einfach mal dorthin. Wenn es für dich leichter ist, dann lege deine Hände dorthin und fühle in dich hinein. Wie zeigt es sich dir?

Ist es klein oder groß? Ist es dort warm oder kalt, dunkel oder hell? Siehst du Ecken und Kanten, oder ist dein Herz rund? Hat es eine glatte oder eine raue Oberfläche? Nimm einfach nur wahr...

Gehe mit deiner Aufmerksamkeit zu deinem Atem und atme nun direkt zu deinem Herzen hin. Gib ihm endlich die Aufmerksamkeit, die es so dringend braucht, denn vom ersten bis zum letzten Tag schlägt es für dich, ganz egal, ob es deine Aufmerksamkeit bekommt oder nicht.

Spüre nun, wie sich dein Herz dadurch verändert. Lass es einfach geschehen...

Nur durch deine Aufmerksamkeit spürst du, dass sich dein Herz vielleicht erwärmt, es vielleicht zu pulsieren beginnt, es größer wird – egal wie, spüre die Veränderung in dir, lass es einfach geschehen.

Nun lade deine Selbstliebe in dein Herz ein. Lass dein Herz sich auffüllen mit dieser wundervollen Kraft und Energie. Spüre diese Stärke und Liebe, die in deinem Herzen entsteht.

Lass nun diese Liebe sich ausdehnen über dein Herz hinaus in deinen Brustkorb, lass die Liebe überallhin fließen. Spüre, wie sie sich ausdehnt in deine Arme, in deine Fingerspitzen, in deinen Bauchraum, in dein Becken, in deine Beine, bis in die Zehen.

Überall bist du erfüllt von Liebe – nimm dieses wundervolle Gefühl einfach wahr, bade darin. Und die Liebe dehnt sich aus über deinen Nacken, bis in deinen Kopf. Dein ganzer Körper ist nun erfüllt von dieser liebevollen Energie. Spüre diese Stärke, diese Geborgenheit, dieses All-Sein – spüre deine SELBSTLIEBE…

Selbstliebe ist kein Egoismus.
Nur wer sich selbst liebt, kann Liebe geben.

Wie kannst du nun Selbstliebe „lernen", in den Alltag integrieren?

Du musst dich nur bewusst dafür entscheiden, dir selbst mehr Zeit und Aufmerksamkeit zu schenken. Am Anfang wird es dir nur gelingen, indem du in deinem Terminkalender ganz konkret Auszeiten für dich einplanst. Nimm dir zum Beispiel täglich vor, dich alle drei Stunden für zwei, drei Minuten zurückzuziehen (und, ja, es gibt immer Zeit dafür, notfalls auch auf dem WC), dir Zeit zu nehmen, um in dich hineinzulauschen.

Komme über den Atem bei dir an, atme bewusst ein und aus, bis du merkst, dass du ruhiger wirst. Dann frage dich, wie es dir im Moment geht, ob du dich wohl fühlst, ob du an diesem Tag bis jetzt angenehme oder anstrengende Situationen erlebt hast, wie sich dein Körper anfühlt, ob du Druck oder Schwere wahrnimmst, ob du dich im Augenblick gerade wohl fühlst, oder du aus dem Alltag ausbrechen möchtest.

Solche Augenblicke sind ein Geschenk an dich.
Das ist gelebte Selbstliebe.

Du schenkst dir Zeit, dich wahrzunehmen und zu fühlen, und, wie ich dir bereits sagte: Fühlen kannst du nur mit dem Herzen! Dafür musst du bei dir ankommen, ganz bei dir sein.

Dein Herz verrät dir, wie es dir geht, wie du über dich denkst, ob du Freude und Leichtigkeit empfindest, oder Trauer und Schwere.

Dann darfst du erkennen, dass du sofort etwas an deinem momentanen Zustand verändern kannst. Du bist nicht mehr das Opfer, das in schwierigen und anstrengenden Situationen verharren muss – du kannst jederzeit und jeden Moment dein Leben verändern, indem du dich auf Liebe ausrichtest.

Schenke dir in solchen Momenten bewusst Liebe, schau dir an, was gewisse Situationen mit dir zu tun haben, gib nicht dem Außen die Schuld, sondern sieh es als Chance, die sich dir bietet. Jeder „Feind" im Außen ist letztlich deine größte Wachstumschance. Wenn du erkennst, was dir deine Angst, deine Wut, deine Trauer, dein Zorn sagen möchten, welche Gefühle dahinter schlummern und sich verstecken, dann kannst du alte

Glaubenssätze und übernommene Strukturen lösen und alles loslassen, was nicht von dir ist und nicht mehr zu dir gehört.

Je öfter du solche Augenblicke der Achtsamkeit, des Fühlens, des Wahrnehmens in deinen Alltag integrierst, umso mehr lernst du, dich selbst wieder zu fühlen. Dann wird dir immer schneller bewusst, wenn du dich von dir selbst entfernst, gegen dich denkst oder lebst, und du kannst schneller wieder bei dir ankommen und dich finden.

Selbstliebe bedeutet, sich selbst zu spüren und wahrnehmen, sich wichtig zu nehmen, gut für sich zu sorgen, sich zu vertrauen, sich wertzuschätzen – eigentlich die natürlichsten Dinge der Welt, die wir oft auf unserer Reise verloren haben. Jetzt dürfen wir sie wieder an Bord nehmen – für ein glückliches erfülltes Leben in Liebe.

https://www.sabine-huber.at/lp/seelen-reisefuhrer-download/

Mein persönlicher Reisebericht für dich

Als ich mich selbst zu lieben begann….

wurde mein Leben wundervoll. Alles, was ich bisher geglaubt hatte, von meinen Mitmenschen erhalten zu müssen, fand ich in mir selbst.

Ich lernte, mir Schritt für Schritt zu vertrauen, mich anzuerkennen, wertzuschätzen und mich für mich und meine Bedürfnisse zu öffnen.

Als Kind wurde mir immer beigebracht, dass ich mich ruhig zu verhalten hätte, wenn Erwachsene sprechen: Sei still! Nimm dich nicht so wichtig! Sogar über Geburtstags- oder Weihnachtsgeschenke durfte ich mich nicht alleine freuen, auch diese musste ich sofort mit den anderen Kindern oder Geschwistern teilen.

Natürlich mache ich meinen Eltern keinen Vorwurf, sie haben es einfach nicht besser gewusst, und all dies selbst genauso erlebt und anerzogen bekommen. Aber das drängt ein Kind in eine Rolle, die es eigentlich nicht spielen möchte.

Erst mit meiner persönlichen Entwicklung wurde mir klar, dass genau diese Abgrenzung dazu geführt hatte, dass ich mich selbst verlor und aufgab, mich nicht mehr als liebenswert und liebevoll annahm und meine Seele dadurch genau das Gegenteil dessen erfuhr, was sie bisher auf der geistigen Ebene einzig und allein kannte, nämlich: die bedingungslose All-Liebe zu sich und allem anderen.

Nur so konnte ich meinen Seelenauftrag erst erfüllen und meine Seelenreise der Erinnerung antreten, bei der ich die Liebe wiederfinden, wiederentdecken sollte.

Die Liebe zu mir selbst war der Schlüssel zu einem Leben in Leichtigkeit, voller Glück und Zufriedenheit, voller Hingabe an mich selbst.

Ich habe gelernt, mir Zeit und Aufmerksamkeit zu schenken, mich wie einen lieben Freund zu behandeln, auf meine Gefühle zu achten. Ich habe also ganz einfach gelernt, mich immer wieder zu fragen, was ich gerade brauche, um glücklich zu sein.

Das alles erhöht automatisch meine Energie, meine Schwingung. Ich lerne, in mir wie in einem Buch zu „lesen", mich wahrzunehmen und zu spüren. Ich erkenne, wenn es mir mal nicht so gut geht, und kann entsprechend darauf reagieren. Ich werde damit zum Schöpfer und nicht zum Opfer, weil ich erkenne, dass einzig und allein ich für mich und für mein Wohlergehen verantwortlich bin.

Dein Seelenreiseführer

Frage 1:
Stellst du dich selbst bereits in den Mittelpunkt deines Lebens? Sorgst du gut für dich, ohne dabei die Angst zu verspüren, egoistisch zu sein?

Frage 2:
Schenkst du dir genug Ruhe und Aufmerksamkeit? Zeiten der Stille? Zeiten für dich?

Frage 3:
Kannst du dich bereits selbst lieben? Wertschätzen? Anerkennen? Vertraust du dir?

Frage 4:
Nimmst du dich so an, wie du bist – mit all deinen vermeintlichen Ecken und Kanten?

8.

Station deiner Seelenreise

Wie du dein Ego zu deinem Freund machst

Dein Ego ist so etwas wie dein „Beschützer", dein Antreiber, dein Perfektionist, das Teufelchen auf deiner Schulter.

Es hat die Funktion übernommen, dich jede Sekunde darauf hinzuweisen, dass etwas schief gehen könnte, du in Gefahr bist, du dieses und jenes besser nicht veränderst, sondern lieber deine Komfortzone beibehältst und nicht verlässt.

Es hält dich zurück auf deiner Reise, es ist die Bremse – oftmals sogar der Rückwärtsgang –, die dich innehalten lässt und bremst.

Warum das alles? Warum arbeitet dein Ego gegen dich?

Weil es bisher in deinem Leben die Oberhand gehabt hat. Das Ego war bisher dein Navigationsgerät. Oft hat es heiße Diskussionen zwischen dem Ego und deinem Herzen gegeben, und doch bis jetzt hat meistens das Ego gewonnen.

Nun allerdings ist die Zeit gekommen, dass du es wieder zu deinem Freund machst. Hör ihm zu, weil es dich oft vor unüberlegten Handlungen beschützt, aber lass es nicht die Führung in deinem Leben übernehmen.

Wenn du mehr und mehr deiner inneren Stimme folgst und dein Herz zu deinem bewussten Ratgeber machst, dann bekommst du die nötige Sicherheit, das Vertrauen in dich und in deine Entscheidungen, und dein Ego wird mehr und mehr erkennen, dass dir dabei nichts passieren kann und es dich nicht bei wichtigen Entscheidungen von deinem Herzensweg abbringen muss.

Je mehr du dich auf deine Entscheidungen verlässt und die Bestätigung findest, dass du deinem Gefühl trauen kannst, umso mehr wird dein Ego verstummen und zu deinem Freund werden. Es kann dir wichtige Ratschläge erteilen, die du gerne mit den Augen der Liebe beleuchten darfst, wenn aber dein Herz dir zu einem anderen Weg rät, dann darfst du deinem Ego liebevoll mitteilen, dass es dich nicht beschützen muss, weil dir nichts geschehen kann, und du deinem Herzen folgst. Somit können Engelchen und Teufelchen auf deiner Schulter endlich Frieden schließen.

Das Ego ist der Teil in dir, der dich bisher angetrieben, zu Hochleistungen gezwungen und dir eingeredet hat, immer perfekt sein zu müssen, immer höher, weiter, schneller – also der männlich geprägte Teil in dir.

Das Herz ist der weibliche Teil. Er steht für Gefühl, Hingabe, Annehmen, Öffnen, Vertrauen.

Beide Teile wollen gelebt werden und ergeben, wenn sie bewusst wahrgenommen werden, eine wunderbare ergänzende Einheit, wodurch die Energie in deinen Energiekörpern wieder ungehindert fließen kann.

Achte also in Zukunft bewusst auf die Stimme deines Herzens, aber lass dein Ego nicht außen vor. Hinterfrage, ob es auf Angst-basierende Gedanken sind, die du wahrnimmst, oder ob es eine ernst gemeinte Warnung ist, ein zweites Mal darüber nachzudenken und keine voreiligen Entschlüsse zu fassen, oder einen besseren Augenblick für Veränderung abzuwarten.

Wenn du das Ego bei deinen Entscheidungen als deinen Freund integrierst, dann wirst du wissen, was zu tun ist.

Mein persönlicher Reisebericht für dich

Ich kenne wie du diesen Antreiber in mir, diesen Perfektionisten. Stets wollte ich alles selbst machen, die Beste sein, lieber die Komfortzone nicht verlassen, den vermeintlich leichteren Weg wählen.

Erst als ich begann, Entscheidungen aus dem Herzen zu treffen, meiner Intuition zu vertrauen, plötzlichen Impulsen zu folgen, obwohl ich nicht wusste, was sie zu bedeuten hatten und wohin sie mich führen würden – also im vollkommenen Vertrauen losließ und annahm, was kommen würde –, da wurde mein Ego ruhiger und ruhiger.

Heute ist es nur mehr eine leise Stimme in mir, die ich selbst oft zu Rate ziehe, wenn ich mir nicht ganz sicher bin, ob ich wirklich blitzschnell komplette Veränderungen in meinem Leben vornehmen möchte, oder eben nicht. Ich kann mittlerweile gut unterscheiden, was eine sinnvolle Ergänzung zu meinem Herzgefühl ist, und was noch auf Angst basierende Gedanken sind.

Ich habe mein Ego als Freund gewonnen.

Dein Seelenreiseführer

Frage 1:
In welchen Situationen in deinem Leben hat dich ganz bewusst dein Ego gesteuert? Hast du so manche Entscheidung widerrufen, weil sie dir die Angst einflüsterte?

Frage 2:
Kennst du auch diesen Perfektionisten in dir? In welchen Lebenssituationen hindert er dich?

Frage 3:
Hält dich der innere Antreiber davon ab, in deinem Tag Zeit für dich selbst einzuplanen?
Wo in deinem Leben kannst du ab sofort mehr deinem Herzen als deinem Ego folgen?

Frage 4:
Wo genau in deinem Leben lässt du dich von deinem Ego leiten?

9.

Station deiner Seelenreise

Die hohe Kraft der Dankbarkeit

Wären immer nur Licht und Sonne, könnten wir die Schattenseiten nicht wahrnehmen. Erst wenn die Dunkelheit uns einhüllt, erkennen wir die Schönheiten des Lichts an. Erst wenn uns etwas oder jemand genommen wird, lernen wir die Zeiten, in denen wir etwas haben, das wir als selbstverständlich hingenommen haben, wieder zu schätzen.

So zeigen dir diese intensiven bewegten Zeiten, dass du viel mehr dankbar sein darfst, vor allem auch für alltägliche Dinge, die oft so banal sind, dass wir sie nicht mehr zu schätzen wissen.

Wir in der westlichen Welt leben in einem Schlaraffenland, im Überfluss in allen Bereichen. Vielen Menschen auf der Welt ist ein solcher Reichtum nicht gegeben. Und weil wir diese andere Seite nicht kennen, wissen wir die Fülle nicht zu schätzen und dafür dankbar zu sein.

Gehe daher immer wieder in dieses tiefe Gefühl der Dankbarkeit. Es trägt eine sehr hohe Schwingung in sich und erfüllt deine Seele mit liebevoller Energie. Alles, wofür du dankbar bist und dem du deine Aufmerksamkeit schenkst, muss dir nicht genommen werden. Das, worauf du deine Energie lenkst, das bekommt Nahrung und darf sich dementsprechend vermehren und wachsen. Alles, dem du keine Energie schenkst, das wird dir früher oder später genommen, weil die Aufmerksamkeit und Dankbarkeit fehlen.

Gelebte Dankbarkeit ist reine Freude und Liebe, denn dadurch entdecken wir das Leben wieder als Geschenk. Es ist nicht selbstverständlich, dass dein Herz jeden Tag für dich schlägt, dein Körper Tag und Nacht für dich arbeitet, du am Morgen wieder deine Augen öffnen darfst.

Du kennst das sicher selbst, wenn es plötzlich irgendwo zwickt und zwackt, die Nase verstopft ist, der Kopf schmerzt, der Hals kratzt, alle Glieder weh tun – erst dann wird dir bewusst, wie angenehm das Leben doch ist, wenn du gesund bist. Dann erst nimmst du wahr, was es bedeutet, gesund zu sein.

Oder aber du hast zu Hause plötzlich für kurze Zeit keinen Strom oder kein fließend Wasser. Dann erst wird dir klar, dass du normalerweise gar nicht nachdenkst, wenn du den Wasserhahn aufdrehst, im Winter die Räume kuschelig warm sind und du dir jederzeit warmes Essen zubereiten kannst.

Das alles ist ein Überfluss, den die meisten von uns nicht mehr anerkennen und schätzen. Daher zeigt uns das Leben immer wieder auch die Schatten, damit wir das Licht sehen und schätzen.

Dankbarkeit erzeugt Liebe.
Und Liebe erzeugt den Fluss in dir und deinem Leben.

Dankbarkeitsübung

Schenke dir jeden Morgen, noch bevor du aufstehst, fünf Minuten der Dankbarkeit. Überlege dir, wofür du dankbar bist. Du wirst bemerken, dass es viele Dinge gibt, wofür du aus tiefstem Herzen DANKE sagen kannst.

Danke für dein wunderschönes weiches Bett; dafür, dass du gesund und munter aufgewacht bist; dass ein neuer einzigartiger Tag voller Wunder auf dich wartet; dass du fließendes Wasser hast, einen gefüllten Kühlschrank, Kleidung, einen wachen Geist. Danke auch für die Erfahrungen, die du machen darfst, danke für die lieben Menschen in deinem Leben, und danke besonders den Menschen, die dein Leben im Moment vielleicht etwas schwieriger gestalten. Gerade sie brauchen deine Dankbarkeit, damit sich die Situation in Liebe und Harmonie umwandeln kann.

Du siehst, es gibt vieles, wofür man dankbar sein kann. Die Liste kann unendlich lang werden. So startest du ganz anders in deinen Tag, mit einem wundervollen Gefühl der Liebe und des Reichtums.

Schließe deinen Tag auch wieder mit dieser Dankbarkeitsübung ab. Du wirst sehen, auch wenn dein Tag noch so anstrengend und vielleicht unerfreulich war, du findest immer ein paar Dinge, Menschen, Situationen, denen du danken kannst. Vielleicht ein Mensch, der dir die Tür aufgehalten, der dir die Vorfahrt gelassen hat, ein Lächeln, ein niedlicher kleiner Hund, eine Blume am Wegesrand – sicherlich wird sich etwas finden.

So gehst du mit einer hohen Schwingung in deine Träume, die sich dementsprechend der Schwingung anpassen werden.

Schreibe dir, wenn möglich, alle diese Dinge, für die du im Laufe des Tages dankbar bist, in einem Dankbarkeitsbuch nieder und halte sie fest, damit du an Tagen und in Situationen, in denen du glaubst, dass das Leben gerade nicht so geradlinig und einfach verläuft, sie dir wieder hervorholen und damit deine Schwingung erhöhen kannst.

Mein persönlicher Reisebericht für dich

Kurz bevor ich anfing, dieses Buch zu schreiben, erkrankte ich an einer Vorstufe von Krebs. Diese Diagnose traf mich vollkommen unerwartet. Natürlich war ich im ersten Moment geschockt, weil man mit allem rechnet, nur nicht mit einer „ernsten" Krankheit. Doch von Anfang an breitete sich in mir eine tiefe Ruhe aus. Ich fühlte eine tiefe innere Verbundenheit mit der Geistigen Welt und wusste, dass ich in diesem Leben noch etwas zu erledigen hatte. Doch auch wenn es nicht so wäre, war ich auch für einen anderen Weg bereit. Wenn es so sein sollte, dass ich dieses Erdenleben beenden musste, dann würde ich auch das mit Dankbarkeit annehmen.

Ich verband mich in dieser Zeit besonders intensiv mit mir selbst. Es war mir von Anfang an klar, dass ich den Grund dieser Erkrankung bei mir selbst suchen musste. Es war Zeit, hinzusehen, anzunehmen und loszulassen. Wenn dein Körper mit dir spricht, ist es höchste Zeit, hinzuhören. Schon lange davor hast du die Signale deiner Seele überhört. Sie musste den Körper vorschicken, um Aufmerksamkeit zu erlangen.

In diesen Wochen durfte ich ganz neue intensive Energien wahrnehmen, die durch mich hindurchflossen. Ich nahm meine Seele und ihre Kraft als hellstes Licht überhaupt wahr und wurde gefestigt in meinem Glauben an mich und die Geistige Welt. Ich spürte die Präsenz der Engel wie noch nie zuvor. Kräftige und gleichzeitig liebevolle Heilenergien durchzogen meinen Körper, und ich spürte ein inniges Gefühl der Verbundenheit. Diese Krankheit schenkte mir ein tiefes Gefühl inneren Friedens.

Mittlerweile bin ich wieder gesund und weiß, dass ich immer getragen, dass ich nie allein bin und unendlich geliebt werde.

Besonders in schwereren Zeiten ist es wichtig, diese wundervolle Verbindung zu dir selbst wahrzunehmen und diese hohen Schwingungen der Heilung zu integrieren. Mich durchflossen so intensive liebevolle Energien, die ich noch nie zuvor erleben durfte.

Es gab so viele einzigartige Momente, die mich mit so viel Dankbarkeit erfüllten, dass ich keinen Augenblick missen möchte.

Und so empfange ich jeden Tag meines Lebens als riesengroßes Geschenk und öffne mein Herz für all die wundervollen Möglichkeiten, die mir mein Leben schenkt.

Dein Seelenreiseführer

Frage 1:
Nimmst du in deinem Leben noch alles für selbstverständlich, oder lebst du bereits die Dankbarkeit?

Frage 2:
Wofür bist du dem Leben dankbar?

Frage 3:
Bist du stolz auf dich?

Frage 4:
Zeigst du auch anderen Menschen deine Dankbarkeit? Bedankst du dich ab und zu für ganz normale Dinge, die Menschen für dich vollbringen? Wie zum Beispiel bei der Verkäuferin, die am Sonntag für dich arbeitet, damit du frisches Brot bekommst?

10.

Station deiner Seelenreise

Warum es so wichtig ist, dass deine Vergangenheit heilt

Wie du bereits bemerkt haben wirst, ist der Weg zu dir nicht immer einfach und manchmal sogar sehr fordernd. Sich für sich selbst zu öffnen bedeutet, sein Innerstes nach außen zu kehren, um dadurch Heilung auf allen Ebenen zu erschaffen.

Tiefe Wunden werden nochmals aufgerissen. Situationen aus der Vergangenheit, zum Beispiel aus der Kindheit, die schon lange nicht mehr in deinem Gedächtnis sind, werden wieder hervorgeholt. Das Alte, das bisher unter den Teppich gekehrt wurde und als vergessen galt, sucht sich nunmehr seinen Weg an die Oberfläche. Das ist gut so, auch wenn es sich oftmals sehr unangenehm anfühlt.

Denn alles ist Energie – deine Gedanken, Gefühle, Worte, Situationen, Emotionen –, und Energie will und muss fließen. Selbst wenn du Dinge von dir wegschiebst, vor dir herschiebst, oder glaubst, du hättest sie aus deinem Gedächtnis gestrichen, befinden sie sich immer noch als Energie in deinen Energiekörpern.

Von dort aus können sie sich als Druck, Schwere, Enge oder, gar noch mehr verdichtet, als körperliche Krankheit in deinem grobstofflichen Körper manifestieren und dich somit darauf hinweisen, dass etwas noch nicht im Reinen ist und du dein Augenmerk noch auf etwas lenken darfst.

Zweitens werden sie Zeit deines Lebens – und darüber hinaus – in deiner Aura gespeichert. Dort wird alles hinterlegt, was du jemals erlebt, erlitten, gelernt, gehört, gesagt und gedacht hast, und nur die Liebe kann diese Speicherungen wieder löschen und aus deiner Aura entfernen. Immer wieder werden dich Menschen und Situationen über Gefühle und Worte darauf aufmerksam machen, dass da in dir und in deinen feinstofflichen Körpern der energetische Fluss blockiert ist, Energie nicht mehr fließt. Doch das Universum ist immer im Fluss.

Deine erhöhte Schwingung lässt deinen Körper entsprechend mitschwingen. Daher spürst du ganz genau, wenn Blockaden in deinen Körpern dieses Schwingen behindern. Erst wenn du bereit bist, die unterdrückten Gefühle mit Liebe anzunehmen, kann die Energie wieder fließen. Denn alles gehört zu dir, alles hast du selbst erschaffen. Nur wenn du selbst das anerkennst und mit den Augen der Liebe betrachtest, können sich diese Blockaden lösen.

Liebe zu sich selbst bedeutet in erster Linie, sich selbst zu verzeihen. Mache dir klar, dass du in deinem Leben immer alles so gut gemacht hast, wie es dir möglich war. Du wurdest geprägt von außen, von Glaubensmustern, von deiner Erziehung, von deiner Vergangenheit, von Ängsten, Sorgen und anderen Einschränkungen.

Um deinen liebevollen Weg ganzheitlich fortsetzen zu können, ist es wichtig, dir selbst zu vergeben, dir zu verzeihen, damit die Energie fließen kann.

Dasselbe gilt auch für alle Menschen und Situationen, mit denen du noch nicht im Reinen bist. Mit all deinen Erinnerungen und Verstrickungen bist du mit deiner Aufmerksamkeit immer in der Vergangenheit. Wichtige Energie, die du eigentlich für das Leben im Hier und Jetzt benötigen würdest, sendest du somit immer wieder Jahre und Jahrzehnte zurück und nährst damit diese Erfahrungen, die du eigentlich gerne vergessen würdest, mit neuer Energie.

Alles, was du NICHT möchtest, wird sich neuerlich in deinem Leben zeigen, denn Energie folgt der Aufmerksamkeit. Das Universum erfüllt dir immer deine Wünsche.

Da wir alle miteinander verbunden sind und uns ätherische Schnüre und Verbindungen vereinen, ist es für dein Seelenheil wichtig, allen Menschen aus deiner Vergangenheit und allen schwierigen Situationen in deinem Leben die energetische Freiheit zurückzugeben – und damit dir selbst einen Liebesdienst zu erweisen.

Das bedeutet nicht, dass du alles gutheißen musst, was dir in deinem Leben widerfahren ist oder was Menschen mit dir gemacht haben. Es geht einzig und allein um dich, damit du frei wirst und deine Energie wieder frei fließen kann.

Unsere Eltern waren für uns Götter, wir haben sie verehrt, sind ihnen als Kind auf Schritt und Tritt gefolgt, wollten ihnen gefallen, ihnen entsprechen und uns ihre Liebe „verdienen". Sie haben einen großen Anteil daran, dass wir so sind, wie wir sind. Aber auch sie waren Menschen, die für sich selbst keine Liebe spürten, die auf der Suche waren, deren Seele sich tief eingegraben hatte. Auch sie haben es immer so gut gemacht, wie sie konnten.

Es gilt nun, loszulassen, zu vergeben, frei zu werden – frei für DICH und DEIN Sein.

Vergeben heißt, dich zu lieben – so sehr zu lieben, dass du bereit bist, mit den Augen der Liebe hinter jedem Menschen auch eine suchende Seele zu sehen und sie frei zu lassen.

Mein persönlicher Reisebericht für dich

Als ich etwa 18 Jahre alt war, haben sich meine Eltern getrennt, weil mein Vater seine jetzige zweite Frau kennenlernte. Für mich brach eine Welt zusammen. Ich fühlte mich verlassen, einsam, haltlos und zutiefst gekränkt. In meiner jugendlichen Wut habe ich ihm gesagt: „Wenn du durch diese Tür gehst, habe ich keinen Vater mehr", und so war es auch.

Ganze fünfzehn Jahre lang hatte ich von diesem Tag an keinen Kontakt mehr mit ihm, heiratete in der Zwischenzeit –, ohne ihn, bekam zwei Kinder –, ohne ihn. Wurde erwachsen.

In dieser Zeit versteckte ich meine wahren Gefühle hinter Groll und Abneigung und redete mir selbst ein, dass ich meinen Vater nicht brauche und auch ohne ihn gut zurechtkomme. Dazu muss ich sagen, dass wir immer ein sehr inniges Verhältnis hatten. Mein Vater war in meiner Kindheit eigentlich meine Bezugsperson. Er war derjenige, der sich mit mir beschäftigte und mit mir spielte. Meine Mutter war da leider ganz anders – aber, wie wir jetzt ja bereits wissen, suchen wir uns immer die richtigen Eltern für unsere irdischen Erfahrungen aus.

Nach fünfzehn Jahren stellte ich selbst den Kontakt wieder her, doch es war kein Vater-Tochter-Verhältnis mehr. Jahrelang fanden wir keinen Zugang mehr zueinander, was größtenteils von mir ausging.

Erst in den letzten Jahren, als ich begann, intensiv meine Vergangenheit aufzuarbeiten, gelang es mir, meinen inneren Frieden wiederzufinden und meinem Vater zu vergeben. Das hat mir sehr viel Leichtigkeit und Freude zurückgebracht und gleichzeitig auch meinem Vater eine große Last von den Schultern genommen.

Hätte ich das bis zu meinem irdischen Lebensende nicht aufgearbeitet und losgelassen, hätten wir sicher in einem nächsten Leben mit dem Thema, verlassen zu werden, zu tun gehabt. So konnte ich dieses Thema bereits zu Lebzeiten auflösen.

Heute bin ich meinen Eltern, und vor allem meinem Vater, dankbar, dass er seine Rolle in diesem Leben so gut gemeistert hat, genauso, wie wir es vor unserer Inkarnation verabredet hatten. Auf geistiger Ebene hat er aus Liebe entschieden, dass er uns verlassen wird, damit wir die Abwesenheit von Liebe und den Verlust von Liebe kennenlernen konnten.

So hat er meiner Seele einen großen Heilungsdienst erwiesen und meine Lebensreise – sowohl als Begleiter, wie auch als Lehrmeister – bereichert.

Dein Seelenreiseführer

Frage 1:
Fällt dir auch auf, dass Ereignisse aus deiner Kindheit und Jugend, die du schon längst vergessen hast, plötzlich wieder auftauchen und angeschaut werden möchten? Wenn ja, welche?

Frage 2:
Welche Situationen aus deiner Vergangenheit lassen dich nicht los?

Frage 3:
Welchen Personen kannst du nicht verzeihen und sie somit energetisch nicht loslassen?

Frage 4:
Hattest du immer Angst, so zu werden wie deine Mutter/dein Vater? Dann lass los, weil alles, auch das, was du nicht möchtest und auf das du deine Energie lenkst, vom Universum erfüllt werden wird. (Weil das Universum eine Verneinung nicht kennt).

11.

Station deiner Seelenreise

Entdecke die Natur als deinen Heiler und Reisebegleiter

Die ständig steigenden Energien auf der Erde bedeuten auch für unseren grobstofflichen Körper eine riesengroße Herausforderung. Viele Menschen leiden unter Schwindel, Gedankenschwere, Gelenkschmerzen, Unwohlsein, Depressionen, Schlaflosigkeit oder totaler Übermüdung. Dies alles sind Zeichen, dass der Körper mit den Anhebungen weniger schnell zurechtkommt als der Geist.

Versuche daher immer wieder, dir und deinem Körper Auszeiten zu gönnen. Halte dich viel an der frischen Luft auf, bewege dich in der Natur und überlasse den geistigen Helfern die Klärung deiner körperlichen Anzeichen dieser Schwingungserhöhung. Gerne helfen sie dir dabei, wenn du darum bittest. Vergiss auch die wundervolle Kraft der Bäume nicht. Ihre energetische Wirkung auf unseren menschlichen Körper ist mittlerweile sogar wissenschaftlich erwiesen, und die im Wald freigesetzten ätherischen Düfte und die hohen Schwingungen reinigen deinen Geist und deinen Körper von Seelenmüll und irdischen Blockaden.

**

Umarme, sooft es dir möglich ist, einen Baum. Verbinde dich mit seinen einzigartigen Schwingungen. Bitte den Baum davor allerdings um seine Erlaubnis, dass du deine Energien an ihn abgeben darfst. Gerne wird er diese annehmen. Spüre, wie sie über deine Hände abfließen, über die Wurzeln des Baums tief in Mutter Erde hinein. Und hab keine Angst, dass du dadurch die Erde verunreinigst und belastest. Das alles wird zu neuem Humus, aus dem wieder Neues entstehen darf.

Wenn du spürst, dass du ruhiger, ausgeglichener, freier und entspannter wirst, dann stell dir vor, wie aus deinen Fußsohlen dicke Wurzeln in die Erde wachsen, die dich verbinden, erden und in deine Mitte bringen. Stell sie dir als goldene, dicke, kräftige Wurzeln vor, die durch die Erdschichten, durch die Gesteinsschichten, durch das Magma bis tief in den Mittelpunkt unserer Mutter Erde wachsen. Dort verbinde dich mit dem leuchtenden Kristall in der Mitte – mit dem Geist der Erde.

Das ist unsere wahre Mutter – unsere Verbindung zu einer tiefen Liebe.

Mutter Erde hat dich eingeladen, auf ihr zu leben. Erhalte von ihr die reinsten und intensivsten Schwingungen. Fühle diese Verbundenheit und ziehe über deine goldenen Wurzeln diese Kraft und Energie in deinen irdischen Körper. Fühle, wie über deinen Rücken diese Schwingung durch deine Chakren nach oben steigt, deinen ganzen Körper aus- und erfüllt. Erlaube dieser liebevollen Energie, alle noch bestehenden Blockaden, Spannungen, Enge, Druck, usw zu beseitigen. Frage dich nicht, wie es passieren soll – lass es einfach zu und geschehen.

Mehr und mehr wirst du bemerken, wie aller Druck, der noch in dir herrscht, sich lösen darf, wie du innerlich zur Ruhe kommst. Ein tiefer Frieden wird dich durchfließen.

Bedanke dich bei dem Baum und bei Mutter Erde für ihre Unterstützung und Liebe!

**

Dein Aufenthalt in der Natur verleiht dir augenblicklich ein Gefühl von Leichtigkeit und Freiheit. Das rührt daher, dass dort all die liebevollen geistigen Geschöpfe von Mutter Erde viel intensiver und spürbarer mit dir arbeiten können. Unaufgefordert kümmern sie sich um deine Aura und nehmen alle Schwere und Negativität von ihr weg. Sie reinigen deine Chakren und lassen sie wieder im Rhythmus des Lebens rotieren. Wenn du dich also müde und erschöpft fühlst, deprimiert oder einfach nicht weißt, wo dein nächster Schritt hingehen soll, dann suche diese einzigartige Verbindung zu den Naturwesen.

Begib dich in deinen Garten oder in die freie Natur und lass die Geistige Welt mit dir arbeiten. Liebevolle Wesen nehmen dir alles fort, was dir nicht mehr weiter dienlich ist. Dadurch werden deine Blockaden gelöst, du fühlst dich freier, kannst leichter atmen, bekommst wieder Zugang zu deiner Intuition und nimmst die Botschaften der himmlischen Wesen besser wahr.

Wenn du bei deinen Spaziergängen und deinem Aufenthalt in der Natur zudem noch in den Sommermonaten deine Schuhe und Strümpfe ausziehst und die direkte Verbindung mit der Erde aufnimmst, dann kann dein Körper intuitiv die ihm fehlenden Nährstoffe energetisch aus der Erde aufnehmen. Dieses wundervolle Zusammenspiel geschieht ganz ohne dein Zutun, nur weil dein Körper und Mutter Erde eins sind, verbunden durch energetische Verbindungen und Wurzeln.

Unser inneres Licht strahlen zu lassen bedeutet auch, dass wir uns der Verbindung zu allem, was lebt, wieder bewusst werden. Wir sind Teil eines wundervollen Großen Ganzen. Egal, ob Mensch, Tier, Natur, Steine, Wasser: Alles ist reine Energie, und wir sind alle eins.

Unsere Seele zu leben und uns als Spirit, als Geist, wahrzunehmen, als geistiges Wesen in einem grobstofflichen Körper, bedeutet, unsere Sinne zu entfalten, uns selbst neu zu finden und zu entdecken.

Bewusstes Leben bedeutet bewusst SEIN
im Augenblick – im Hier und Jetzt.

Plötzlich hörst du während deines Spaziergangs die Vögel laut zwitschern, du entdeckst den kleinen glitzernden Stein am Wegesrand, du siehst prachtvolle Wolken am Himmel vorüberziehen, die bunten Blumen und Blätter. Deine irdischen Augen, deine Ohren, deine Nase schenken dir viele kleine Geschenke, die du davor nicht mehr wahrgenommen hast. Deine Sinne werden geschärft – für den Moment, da du als Seele Bewusstheit erfährst.

Kein Leben mehr im Vorbeigehen, kein Davonlaufen, kein Verstecken hinter Stress und Ablenkung, sondern jeden Augenblick voll und ganz genießen und leben.

Das ist Liebe – das ist ein Geschenk deiner Seele an dich für dein Erwachen.

Mein persönlicher Reisebericht für dich

Seit ich meinen bewussten Weg gehe, entdecke ich jeden Tag viele kleine Wunder. Mutter Erde ist mir eine treue Freundin geworden. So gut es eben geht, versuche ich täglich, mich im Freien zu bewegen.

Natürlich habe ich bei mir in Tirol das große Los gezogen. Vor der Haustür Felder, Wiesen, Berge und Natur pur.

Heute nutze ich jeden Spaziergang als Meditation, um bei mir anzukommen und als Geschenk für mich persönlich. Ich atme bewusst ein und aus, nehme die Gerüche wahr, bedanke mich bei den Vögeln für ihre zauberhaften Lieder, entdecke einzigartige Engelswolken am Himmel als Botschaft aus der Geistigen Welt.

Die besten Ideen und „Gedankeneinflüsterungen" erhalte ich bei meinen Spaziergängen. Dort fühle ich mich der Geistigen Welt sehr nahe. Dort kann ich mich selbst auch ganz intensiv wahrnehmen und spüren.

Dein Seelenreiseführer

Frage 1:
Schenkst du dir selbst schon genügend Auszeiten bei Spaziergängen an der frischen Luft? Wenn ja, notiere dir hier ein paar bleibende Momente und Eindrücke.

Frage 2:
Hast du die wundervollen Energien eines Baumes bereits kennengelernt? Was hast du dabei empfunden? Wie ging es dir danach?

Frage 3:
Erkennst du dich bereits als Teil des Großen Ganzen?

Frage 4:
Spürst du die Verbindung zu allem, was lebt? Hat sich deine Verbindung zu den Tieren verändert? Und auch dein Essverhalten?

12.

Station deiner Seelenreise

Deine Weiblichkeit darf endlich heilen

Lass uns zuerst einen Blick nach außen werfen, denn unsere Welt ist, was die Weiblichkeit betrifft, in einem großen Umbruch. Ich möchte diese Gedanken hier kurz für dich aufzeichnen und dir bewusst machen, wie wichtig es ist, auch deine ganz persönliche Weiblichkeit zu heilen – egal, ob du Frau oder Mann bist.

Die Anhebung der allgemeinen Energien im großen Kollektiv bedeutet Veränderung in vielerlei Hinsicht. Die Vollkommenheit von Mutter Erde wird dadurch wieder hergestellt, und der Einklang zwischen männlichen und weiblichen Strömungen darf nun endlich geklärt und bereinigt werden. Das hat zur Folge, dass Systeme aus dem Gleichgewicht geraten.

Die bisher männerdominanten Gebiete auf der Erde werden nunmehr auf- und durcheinander gewirbelt – im wahrsten Sinne des Wortes. Kein Stein bleibt mehr auf dem anderen. Die weibliche Energie wurde Jahrtausende zurückgedrängt und holt sich nunmehr ihren angestammten Platz wieder zurück. Diese friedvollen Schwingungen brauchen jedoch im Moment noch einen Gegenpol, denn die Schwingungen müssen ausgeglichen werden.

Das Licht kann sich seinen Platz nur zurückholen, wenn zuvor der Schatten aufgezeigt und beseitigt wird. Das Kollektiv ist im großen Wandel. Überall erreichen uns Nachrichten, dass Frauen missbraucht, unterdrückt, nicht entsprechend gewürdigt werden, was zur Folge hat, dass diese Themen überhaupt an die Oberfläche gebracht werden, und dass Frauen aufstehen und ihre angeborenen Rechte wieder zurückfordern. Mehr und mehr darf die Ungleichheit wieder ausgeglichen werden. Doch wo Ungleichgewicht herrscht, wo eine Energie überwiegt, wurde über Jahrtausende eine Unausgewogenheit erschaffen. Diese zeigt sich nun besonders heftig. Vermehrt finden Übergriffe auf Frauen statt. Das Dunkle versucht noch einmal, das Licht zu verdrängen, doch auf Dauer siegt immer das Licht.

Besondere Seelen stellen sich nun dafür in den Dienst und übernehmen eine riesengroße Verantwortung. Sie haben sich vor dieser Inkarnation vorgenommen, ihr Frausein zu nutzen, damit gewisse Themen endlich an die Öffentlichkeit gelangen. Sie haben die Bürde der Unterdrückung und des Missbrauchs als liebevolle Geste und als Seelenaufgabe für das Gemeinwohl übernommen, um einerseits ihrer eigenen Seele einen großen Dienst zu erweisen, aber andererseits auch die Öffentlichkeit aufzurütteln und für neue weibliche Energien zu öffnen.

Leider bedarf es immer, und das in vielerlei Hinsicht, der öffentlichen Aufmerksamkeit, um in den Köpfen der Menschen ein Umdenken einzuleiten. Zwar werden zuvor Hass und Missgunst geschürt, doch schließlich werden dadurch viele weibliche Energien geweckt, die sich unter anderem als Mitgefühl zeigen. Dazu trägt auch bei, dass Frauen sich mit intimen Themen (zum Beispiel die *Me-too-Bewegung*) an die Öffentlichkeit wagen. Das leitet einen Gegenstrom ein. Viele Frauen identifizieren sich wieder mit anderen Frauen und finden dadurch auch wieder Zugang zu ihrer eigenen Weiblichkeit.

Doch nicht nur in den Frauen wird das Frausein wieder Kraft bekommen, auch bei den Männern brechen wahre Dämme. Über Jahrhunderte wurde der Mann zum Kämpfer, Ernährer, und Helden erzogen. Gefühle wurden gar nicht erst zugelassen, oder notfalls unterdrückt. Durch den Einfluss der hochschwingenden Energien und der Veränderung der Menschheit werden aber auch diese Schranken durchbrochen, und auch in den Männern beginnt die weibliche Energie wieder zu fließen, was bedeutet, dass viele Herzen aufbrechen, viele Mauern einstürzen dürfen und auch Gefühlskälte nun bröckeln darf. Der Mann ist auch männlich, wenn er Gefühle zeigt. Vielleicht macht ihn das in naher Zukunft erst dann so richtig zu einem wahren Mann, denn es gehören immer beide Aspekte gelebt – Weiblichkeit und Männlichkeit –, sonst herrscht Unausgeglichenheit im System.

Viele Frauen wurden gegen Ende des 20. Jahrhunderts von vermeintlichen Frauenrechtlerinnen in eine neue Rolle gezwungen. Die Männlichkeit in jeder Frau wurde aufs äußerste gepuscht. Plötzlich war kein Platz mehr in der Öffentlichkeit für das Frausein. Alles musste unter einen Hut gebracht werden: Haushalt, Kinder, Beruf und Hobby. Frau brauchte plötzlich in ihrem Leben keinen Mann mehr, denn sie war sich selbst der beste Mann. Durch diese Wellen der Emanzipation entstand in den weiblichen Körpern eine wahre Unterdrückung der weiblichen Energie. Die Männlichkeit erlangte eine so starke Dominanz, dass in den Energiekörpern fast kein Platz mehr war für die weibliche Schwingung, also für Fühlen, Annehmen, Regenerieren, sich Wahrnehmen, sich Anlehnen.

All dies machte Platz für Tun, Machen, im Beruf nach oben Streben. Kinderkrippen wurden und werden gefüllt, Auszeiten keine mehr genommen und, und, und – mit der Folge, dass die Rate von Brustkrebs und Krebs in den weiblichen Geschlechtsorganen extrem anstieg. Denn die Weiblichkeit ist ja trotzdem da und will gelebt werden. Doch wenn die Energie nicht mehr ausgeglichen ist, dann kann sie nicht mehr fließen. Dann entstehen Blockaden, die die Energie aufhalten. Und die Folge sind Verdichtungen, die sich irgendwann auf körperlicher Ebene manifestieren müssen, um gesehen zu werden.

Gelebte Weiblichkeit bedeutet, seinen Körper zu ehren, sich als Frau anzunehmen, sich zuzugestehen, dass man auch schwach sein darf, sich anlehnen und zurücklehnen dürfen, Hilfe annehmen, sich selbst nicht stets unter Druck setzen. Wenn du wieder lernst, Frieden zu schließen mit deinem Frausein, und wenn du all die unterdrückten Energien über Generationen in deiner weiblichen Ahnenreihe bereit bist aufzulösen, dann darf die Energie wieder ins Fließen kommen. Selbst deine Ahninnen werden daraufhin einen Freudentanz veranstalten und endlich ihre Ketten ablegen.

Du darfst dein Frausein nun leben – mit deinem ganzen Herzen. Spiritualität braucht Weiblichkeit, braucht das Fühlen, das Hingeben, das Loslassen. Friede in dir kann nur entstehen, wenn du liebst und fühlst. Du als Frau kannst mit deiner friedvollen Energie die Welt erhellen und zu einem wundervollen lebenswerten Planeten verändern.

Wir Frauen sind die Erschaffer unserer neuen Zukunft. Die Zeiten des Kämpfens und der Macht gehen zu Ende, wenn genügend Liebe auf der Erde herrscht und das Licht den Schatten umhüllt und auflöst.

Mein persönlicher Reisebericht für dich

Ich befand mich im selben Modus wie alle anderen Frauen auch: Familie, Haushalt, Beruf, Partnerin, dabei noch gut aussehen, gesellschaftsfähig sein, alles mit links erledigen, multitaskingfähig und und und.

Gefangen in einem Rad im Außen, mich selbst dabei vergessend, ständig im Tun und Machen. Ich fühlte mich ausgebrannt, leer, frustriert und getrieben. Ich hatte es ganz einfach satt!

Gefühle zu zeigen und auch noch darüber zu reden, war mir von klein auf fremd. Ich hatte nie gelernt, Nein zu sagen. So tat ich jahrelang Dinge, die ich eigentlich gar nicht tun wollte. Ich hatte nie richtig gelernt, meine weibliche Energie fließen zu lassen.

Weiblichkeit bedeutet für mich, nun nicht mehr stark sein zu müssen, sich verletzlich zeigen zu dürfen, nicht immer der Norm zu entsprechen, sich so zeigen zu dürfen, wie man ist. Frau sein bedeutet für mich, seine Kurven zu lieben und zu zeigen, sich so zu lieben, wie man ist.

Weiblichkeit heißt nun für mich, um Hilfe zu fragen und sie anzunehmen, nicht alles selbst erledigen zu müssen, darüber zu reden, was ich möchte, und was nicht, was mich verletzt und traurig macht.

ICH LIEBE MEINE NEUE WEIBLICHKEIT!

Ich fühle mich dadurch befreiter, authentischer, lebendiger.

Dies hat sich sowohl auf meine Familie wie auch auf meine Partnerschaft positiv ausgewirkt. Wir alle haben dadurch gelernt, ehrlich miteinander umzugehen.

Dein Seelenreiseführer

Frage 1:
Wie erlebst du deine Weiblichkeit als Frau?
Wenn du ein Mann bist, erlaubst du dir, deine weibliche Seite zu leben?

Frage 2:
Bist du schon bereit, deine Gefühle zu zeigen und zu leben? Kannst du schon Nein sagen?

Frage 3:
Gibt es Bereiche in deinem Leben, in denen du immer noch Stärke lebst und keine Schwäche zulässt? Vergiss nicht, die Energien brauchen immer beide Seiten!

Frage 4:
Kannst du dich bereits zurückziehen; fühlen; deine Weiblichkeit leben; deinen Mitmenschen mitteilen, was du brauchst, magst und willst, bzw. nicht magst oder willst?

13.

Station deiner Seelenreise

Wie du deinen inneren Frieden findest und damit Frieden in die Welt schickst

Um den Frieden im Außen leben zu können, muss jeder Einzelne zuerst den Frieden in sich selbst finden – auch du. Die Liebe zu dir selbst, die Liebe zu allem, was lebt, die Liebe zu deinem Leben – all das erzeugt Frieden in deinem Herzen.

Sei nun bereit, in deine Kraft zu kommen. Die Jahre des Kämpfens und des Drucks, den du dir selbst auferlegt hast, dürfen nun endgültig der Vergangenheit angehören. Du hast bereits so viele wundervolle Dinge in deinem Leben geschafft und erschaffen. Jetzt ist es Zeit, dafür dankbar zu sein und, vor allem: stolz auf dich zu sein!

Was hast du wunderschöne Seele alles erreicht in deinem Leben! Bist du dir dessen überhaupt bewusst? Hast du eine Vorstellung davon, was es bedeutet, in dieser Dualität hier auf Erden seinen Mann/seine Frau zu stehen? Welche große Herausforderung bedeutet das nun für jede einzelne inkarnierte Seele? Du bist hier auf der Erde und gehst unbeirrt deinen Weg.

Seit Jahrzehnten vollbringst du wahre Wunder. Nun darfst du erkennen, dass die Zeiten des Drucks sich verabschieden dürfen. Wenn du dir bewusst wirst, was du bisher schon erreicht hast, dann öffne dein Herz ganz weit – für dich. Mach dich selbst groß, halte dich nicht länger zurück, lass dein Licht hell leuchten, schätze dich selbst wert und liebe dich für deine Vergangenheit.

Du darfst jetzt die Macht wieder an dich nehmen. Die Macht, über dich und dein Leben selbst zu entscheiden. Du führst ab sofort als König und Königin deines Lebens das Zepter und die Verantwortung.

Du bist Schöpfer – denn du bist ein Teil von Gott. Du kannst ebenso erschaffen wie er.

Sieh dich nicht länger als Opfer der Lebensumstände oder anderer Menschen. Übernimm die Verantwortung für dich. Denn das Leben, Gott, das Universum, die Menschen, das Außen – all das sind keine Feinde und Gegner, sie unterstützen dich auf deinem Weg. Sie sind Lehrmeister und Spiegel, sie sind Vorbereiter für deine Veränderung, für deinen Aufstieg ins Licht. Ohne sie wärst du nicht da, wo du jetzt bist. Sie alle, und vor allem du selbst, haben dich zu der Person gemacht, die du jetzt genau in diesem Augenblick bist.

Wenn du jetzt bereit bist, die Macht wieder in die Hand zu nehmen, herauszugehen aus der Ohnmacht und Opferhaltung, dann öffnen sich für dich wahre Türen der Freiheit. Wenn dir bewusst wird, dass du dich immer wieder aufs Neue für Veränderungen entscheiden kannst, dann wird dir bewusst werden, dass du ein großes Geschenk in Händen hältst. Denn was kann dir geschehen, wenn du jederzeit die Richtung ändern und dich neu ausprobieren kannst?

Wir sind hier, um als Seele zu lernen, und Veränderungen können nur eintreten, wenn wir Fehler zulassen und uns selbst nicht dafür verdammen, sondern gestärkt daraus hervorgehen.

Die Zeiten des Wandels bedeuten, alte Muster und Verhaltensweisen loszulassen. Jetzt ist die Zeit reif, um dich neu zu entfalten und zu kreieren.

Mache aus dir die beste Version deines Selbst!

Wenn du bereit bist für deine Veränderung, bedeutet das für dich, dass du dich verabschiedest von alten Denkmustern und eingefahrenen Lebensweisen. Alles, was nicht mehr in der Liebe schwingt und deine Seele nicht nährt, wird sich in den nächsten Wochen und Monaten von dir verabschieden. Denn eine höhere Schwingung bedeutet eine Anhebung der Herzensenergie, und das Herz ist dein wahrer Kompass, dein Wegweiser.

Dein Herz spricht täglich mit dir, und bereits in den ersten drei Sekunden weißt du, ob sich jemand oder etwas für dich stimmig anfühlt, oder nicht. Alles, was danach kommt, ist dein Ego, sind deine Denkmuster und Glaubenssätze. Doch eine richtige Entscheidung kannst du nur mit dem Herzen treffen. Dort fühlst du, und dort spürst du. Dein Verstand kann nicht fühlen, er kann nur urteilen oder beurteilen, indem er Schublade für Schublade in deinem Unterbewusstsein öffnet und nach entsprechenden Übereinstimmungen sucht. Hat er eine passende Situation oder ein passendes Gefühl aus deiner Vergangenheit entdeckt, wird sofort eine Verbindung im Hier und Jetzt zu dieser „Schublade“ aus alten Erfahrungen hergestellt und binnen Sekunden verknüpft. Geschieht das aus Liebe? Nein. Das Unterbewusstsein arbeitet zwar immer für dich, vermeintlich auch in solchen Situationen, aber es kann nicht entscheiden, ob es zu deinem Besten ist oder nicht – das kann nur dein Herz, und es spricht zu dir über dein Gefühl. Also vertraue dir wieder mehr und mehr.

Wenn unsere Herzensenergie angehoben wird, bedeutet dies, dass wir auch liebevoller nach außen gehen. Das Miteinander wird mehr gepflegt und gelebt, die Gemeinschaft rückt wieder in den Vordergrund, und Einzelkämpfer wird es nicht mehr geben. In das Bewusstsein der Menschen darf wieder der Gedanke frei werden, dass genug für alle da ist. Durch das Miteinander werden auch auf zwischenmenschlicher Ebene wieder Harmonie und Frieden einkehren.

Wenn die Grundlage der Menschheit die Liebe ist, dann ist kein Platz für Hass und Missgunst. Daher dürfen Kriege auch bald der Vergangenheit angehören. Diesen auf Angst basierenden Machtkämpfen wird der Nährboden Stück für Stück entzogen werden. Die höheren Energien verändern das Bewusstsein der Menschheit so intensiv und schnell, dass es nicht mehr möglich ist, ein Teil der Masse zu sein. Jeder Mensch erkennt für sich ganz individuell, ob Dinge richtig sind, oder nicht. Für sich selbst wird der Mensch entscheiden, ob er sich weiterhin einer übergeordneten Macht anschließt, oder ob er den Weg der Liebe und des Friedens wählt. Somit zerbrechen Machtgehabe und Obrigkeiten in viele Einzelteile, weil ihnen die Grundlage fehlt. Liebe ist stärker als Angst und Hass!

Du darfst nun im Kleinen, also in deinem Alltag, mehr und mehr die Liebe fließen lassen und dich für dein Gegenüber öffnen. Bei diesem Aufstiegsprozess ist es ganz wichtig zu erkennen, dass jede Seele ihren richtigen Platz einnimmt und genau dort steht, wo sie hingehört. Daher hat kein anderer Mensch das Recht, zu urteilen und zu beurteilen. Um deine Schwingung anzuheben, darfst du lernen, jeden Menschen anzuerkennen, wie er ist, ihn dort stehen zu lassen, wo er ist, oder dort abzuholen, wo er wartet. Keiner ist mächtiger als der andere, keiner besser oder schlechter. Deine Wertung oder Be- und Verurteilung von Mitmenschen darf sich liebevoll auflösen und einer allumfassenden Liebe Platz machen.

Mit den Augen der Liebe ist jeder Mensch gleich. Denn jeder hat seine eigene Vergangenheit: seine Eltern, die ihn geprägt haben; seine individuelle Kindheit und Jugend; seine freie Partnerwahl. All dies kann dein Gegenüber nicht kennen und erkennen. Also urteile nicht über andere Menschen. Alles gehört zum Lebensweg der Seele dazu – jede Erfahrung, ob in unseren weltlichen Augen gut oder schlecht, richtig oder falsch, förderlich oder gegenteilig.

Ziel jeder Seele ist es, wieder ein Leben in der bedingungslosen Liebe zu leben. Sein Herz zu öffnen – ohne Vorurteile und Bewertungen, ohne Erwartungen und Vorgaben.

Wenn du die Meisterschaft des Aufstiegs erreicht hast und dir und allen Menschen mit Liebe und einem offenen Herzen begegnen kannst, dann bist du auf der höchsten Stufe des irdischen Seins angelangt.

Mein persönlicher Reisebericht für dich

Viele Jahre lebte ich selbst dieses reine irdische Leben im Außen, geprägt davon, mich nur um andere zu kümmern und mich selbst zurückzustellen – Familie, Haushalt, Beruf, wie es der Großteil von uns aus seinem eigenen Leben kennt. Auch bei mir wurde erst in den letzten Jahren der innere Ruf immer stärker – die Fragen nach: „Warum bin ich hier?“, „Wo geht es hin?“, „Was habe ich der Welt zu geben?“

Nach und nach erkannte ich, dass das MEIN Leben ist, das ich lebe, und es eine der wichtigsten Aufgaben überhaupt ist, für mich gut zu sorgen und mein Leben vor allem zu MEINEM Leben zu machen.

Diese Entwicklung ging nicht von heute auf morgen. Es war ein immerwährender Prozess mit Schritten nach vorne, aber auch genauso wieder zurück. Je mehr du jedoch bei dir ankommst, dich selbst wieder entdeckst, eine Verbindung zu dir und deinem Herzen aufbaust, umso schneller wird dir klar und spürst du (und hier spricht dein Gefühl), wenn du dich selbst wieder von dir abwendest. Du lernst, in dir zu „lesen“, deine Energien wahrzunehmen, deine Empfindungen zu deuten und schlussendlich danach zu handeln.

Wenn du dich als diese reine göttliche Seele siehst und annimmst, dann kannst du dich öffnen für den Reichtum des Lebens. Denn dann weißt du, dass dir nichts geschehen kann, du unsterblich bist, immerwährend und ausgestattet mit der Urkraft der Liebe.

Erst dann kann dich das Leben positiv und reich beschenken. Wenn du deine innere Einstellung auf Frieden und Liebe umpolst, dann begegnen dir im Außen Leichtigkeit und Harmo-

nie, die Welt wird bunter, deine Beziehungen intensiver und dein Leben ein Ausdruck reiner Freude

Als ich die ersten unsicheren Schritte auf meiner Seelenreise machte, bekam ich von außen viel Gegenwind. Meine Töchter und mein Mann waren zwar von Anfang an meine größten Unterstützer, doch meine Ursprungsfamilie hatte da schon größere Probleme, mit meinen Veränderungen umzugehen und sie zu akzeptieren.

Zu Beginn traf mich diese Ablehnung bzw. ihr Desinteresse ganz tief in meinem Herzen. Ich empfand es als persönliche Ablehnung.

Doch erst während meiner eigenen Entwicklung wurde mir klar, dass ich keine Bestätigung von außen brauche, wenn ich mich stärke und wie ein Fels in der Brandung zu und hinter mir stehe.

Diese Einsicht ermöglichte es mir, mich Schritt für Schritt im Außen zu zeigen, mich mit all meinen Facetten in die Öffentlichkeit zu wagen. Das erforderte zu Beginn großen Mut: Zu erzählen, man spricht mit Engeln; man erhält Botschaften von ihnen für andere Menschen; man spricht mit verstorbenen Seelen; hält Seminare, um sein geistiges Team kennenzulernen – und sogar Tagesbotschaften der Engel auf Facebook zu veröffentlichen.

Vielen Mitmenschen bereiten diese Themen Angst, vor allem, wenn es um das Tabuthema „Tod" geht. Dahinter steckt die Angst, dass dann alles zu Ende ist, dann vielleicht ein „Richter" kommt, der über das gelebte Leben urteilt.

Dabei haben all diese Menschen einzig und allein den Zugang zu ihrer ursprünglichen Liebe noch nicht gefunden und die Erinnerung wiederentdeckt, dass der Tod kein Ende bedeutet, sondern nur eine Rückkehr in die unendliche Liebe.

Viele Menschen kommen in meine Praxis und erzählen mir von ihren eigenen Erfahrungen, dass sie froh sind, endlich mit jemandem darüber sprechen zu können, der auch mit Lichtwesen arbeitet und spricht, sie sieht und wahrnimmt. Sie freuen sich, wenn sie sich endlich mitteilen dürfen.

Hier sieht man, wieviel Angst und Unfrieden noch in den Menschen stecken – Angst vor Verurteilung, vor Ausgrenzung. Angst, die in unseren Zellen gespeichert ist, weil wir alle in früheren Leben für unsere Fähigkeiten und unser Leben als HeilerIn verfolgt, verurteilt und getötet wurden.

Diese Themen können nur mit Liebe geheilt werden, denn nur dort, wo die Liebe fehlt, ist Platz für Angst, weil Angst das Gegenteil von Liebe ist.

Dein Seelenreiseführer

Frage 1:
Siehst du deine Mitmenschen schon als reine Seele und lässt sie genau dort stehen, wo sie gerade stehen?

Frage 2:
Wie fügst du dich liebevoll in die Gemeinschaft ein?

Frage 3:
Wo in deinem Leben, in deinen Beziehungen, kann noch Frieden entstehen? Wo herrschen noch Unruhe und Unfrieden vor?

Frage 4:
Bist du bereit, den Frieden in die Welt zu tragen?

14.

Station deiner Seelenreise

Dein Leben in der bedingungslosen Liebe

Die wohl größte Herausforderung eines Menschen hier auf Erden ist, die bedingungslose Liebe zu leben. Es ist das Ziel von uns allen – und es ist auch das Ziel *deiner* Seelenreise.

Die Engel und Lichtwesen wissen, wie schwierig das alles für dich ist, und sichern dir dabei ihre größtmögliche Unterstützung zu. Natürlich stehst du immer wieder großen Herausforderungen gegenüber und Menschen, die deine Geduld auf die Probe stellen. Die dich erkennen lassen, wie bedingungslos du schon bereit bist zu lieben. Doch mehr und mehr wirst du auch hier große Schritte in die richtige Richtung unternehmen dürfen.

Nun dürfen Herzen wieder aufbrechen und lieben lernen. Sie dürfen sich wieder mit der Quelle allen Seins verbinden und sich daran erinnern, wer sie wahrlich sind – wundervolle Seelen in einem grobstofflichen Körper, der ihnen als Gefährte für diese Erfahrungen dient.

Du wirst vielleicht bemerken, wie sich die Menschen in deinem Umfeld verändern, aufbrechen, ihre weichere Seite zulassen und offenbaren. Das sind die ersten Anzeichen für den Aufstieg eines Menschen.

Denn wenn er bereit ist, seinen vorgegebenen irdischen Weg zu gehen, dann setzt er damit ein Zeichen für Wachstum und Veränderung. Dann werden hochschwingende Energien angerufen, ihn dabei zu begleiten und zu unterstützen. Die Anhebung der grobstofflichen Energien bedeutet körperliche Veränderungen, die sich wie folgt zeigen können: Dein Gemütszustand verändert sich von jetzt auf gleich, und es kann passieren, dass du dich innerhalb von Sekunden zwischen den beiden Gegenpolen: *himmelhochjauchzend* und *zu Tode betrübt* bewegst. Und all das, weil die feinstofflichen Energien im Hintergrund agieren und dann plötzlich durch die Schwingungserhöhung im Grobstofflichen aus dem Schatten treten und wahrnehmbar werden.

Zudem begleitet dich in dieser Zeit des Aufstiegs eine starke Müdigkeit, weil diese Schwingungsveränderungen sowohl für den Geist als auch für den irdischen Körper eine große Herausforderung darstellen.

Je mehr du dich jedoch auf diesen Prozess einlässt und ihn zulässt, umso schneller gelingt dir die Anhebung. Wenn du bereit bist, aktiv mitzuarbeiten – was auch heißt, bewusst eine Veränderung vorzunehmen und deine bisherigen Pfade zu verlassen –, dann beschleunigst du diesen Vorgang. Die Geistige Welt ist immer daran interessiert, dich bestmöglich zu tragen und zu begleiten, doch immer wieder bremsen wir uns selbst durch unser irdisches Denken und Zweifeln aus und stören den Fluss der Energie. Viele alte, gewohnte Denk- und Glaubensmuster dürfen sich daher in dieser Zeit auflösen.

Doch dazu müssen sie dir zuvor präsentiert werden. Was du bisher als deine eigene Wahrheit angenommen hast, muss nicht mehr der heutigen Zeit entsprechen. Vieles prägt dich bereits seit deiner Kindheit und hat für dich als erwachsener Mensch wahrscheinlich gar keine Gültigkeit mehr. Und so dürfen sich nun all diese Dinge, Situationen und Menschen, die bisher deine Welt erschaffen haben, verabschieden, denn sie dienen dir nicht mehr. Dir darf mehr und mehr bewusst werden, was DIR entspricht, was zu DIR persönlich gehört, welche neuen Glaubenssätze für DICH nun Wirklichkeit werden dürfen, welche Menschen DIR guttun und DICH bereichern.

Lass einfach zu, dass sich Veränderungen einstellen, und sei bereit, loszulassen!

Je mehr du deine alten Glaubensmuster und Glaubenssätze über Bord wirfst, umso leichter fällt dir auch das zwischenmenschliche Miteinander. Dann brauchst du keinen Spiegel mehr, der dich auf Dinge hinweist, die verändert werden dürfen.

Bisher waren deine Mitmenschen deine wichtigsten Lehrmeister, denn sie haben dich immer wieder unbewusst darauf hingewiesen, was du in dir drin verändern darfst und sollst. Wenn du aber angekommen bist bei dir und dich wieder entdeckt hast, deine Glaubenssätze angepasst hast der Liebe und Vollendung, dein Herz für die allumfassende Liebe geöffnet hast und erkennst, dass wir alle Kinder Gottes sind, dann kannst du auch bedingungslos lieben. Denn dann kannst du geben, ohne etwas zu erwarten, dann kannst du jeden Menschen so akzeptieren, wie er ist, als vollkommene Seele auf ihrem Weg. Dann wird dir wieder bewusst, dass es dir nicht zusteht, jemand anderen zu bewerten, zu verurteilen oder gar zu verändern. Denn das ist bedingungslose Liebe: alle Lebewesen in ihrer Schönheit zu akzeptieren und so funkeln zu lassen, wie sie sich gerade präsentieren.

Natürlich werden wir immer wieder geprüft, ob wir schon bereit sind, uns für die bedingungslose Liebe zu öffnen. Da unser Ego noch kräftig am Werkeln ist, kann dies fast täglich eine große Herausforderung sein. Aber Schritt für Schritt gehen wir den richtigen Weg.

Je mehr du jedoch an dir und mit dir arbeitest und dich weiterentwickelst, umso schneller fällt es dir auf, wenn du den Weg der Liebe verlässt, und umso eher kannst du es wieder korrigieren und gehst nicht unbewusst den Weg des Opfers weiter. Setze dich selbst niemals unter Druck. Du hast es bis jetzt immer so gut gemacht, wie du es konntest. Kein Meister ist vom Himmel gefallen. Wir sind hier, um zu lernen, um vollkommener zu werden. Wären wir dies schon, dann hätten wir nicht inkarnieren zu brauchen, dann hätten wir jetzt auch schon Flügel.

Unser erster Schritt ist nun, unser wahres Ich wieder zu erkennen und zu leben. Dann erfahren wir die Erfüllung in uns selbst. Dann brauchen wir nicht mehr im Außen zu suchen und uns Akzeptanz, Wertschätzung, Vertrauen, Liebe, und Bestätigung von anderen Menschen zu erhoffen. Wenn unser innerer Kelch gefüllt ist mit Liebe und Aufrichtigkeit, dann sind wir erfüllt in unserem Sein. Dann können wir überfließen und nach außen strahlen in unserer Schönheit und Reinheit. Dann werden wir zum Lichtbringer und zum Vorbild für unsere Mitmenschen, und nehmen viele Seelen mit auf unserer Reise.

Je mehr wir erstrahlen in unserem Glanz, desto sichtbarer sind wir für andere. Sie fühlen unbewusst unser Licht und sich davon angezogen. Natürlich spüren sie deine Veränderung und wollen mit dir mitschwingen. Bedingungslose Liebe bedeutet nun auch, dass du bereit bist zu geben, zu unterstützen und ein Vorbild zu sein für andere. Doch nur mehr auf Basis von Liebe und nicht höher gestellt. Du erkennst, dass alle Wesen der Erde gleich sind, sich auf gleicher Augenhöhe begegnen. Keiner ist besser oder weiter, keiner größer oder weniger wert als der andere.

Mein persönlicher Reisebericht für dich

Viele Jahre war ich eine Ver"braucherin", suchte im Außen nach Liebe und Anerkennung, stellte Bedingungen an andere, an das Leben und auch an mich.

Doch so, wurde mir klar, kann das Leben nicht funktionieren. Gott, die Quelle, das Universum stellt keine Bedingungen an uns.

Warum dann wir als Mensch?

Die bedingungslose Liebe hier auf Erden zu leben empfinde ich persönlich als unmöglich. Doch wir können uns dieser Eigenschaft im Alltag mehr und mehr annähern und uns bewusst dafür entscheiden, unsere Mitmenschen dort stehen zu lassen, wo sie gerade stehen – sie so anzunehmen, wie sie sind.

Wir versuchen immer, andere Menschen zu verändern, sie so zu formen, wie wir sie gerne haben wollen, doch das wird uns nicht gelingen. Denn dann spielen die Mitmenschen an unserer Seite eine Rolle, leben nicht ihre wahre Persönlichkeit. Das spüren wir auf Dauer, und die Erfüllung fehlt.

Ich habe gelernt, in meiner Entwicklung nicht mehr zu be- und verurteilen, da ich nicht weiß, welche „Geschichte" die Seele mir gegenüber in diese Inkarnation mitgebracht bzw. bereits in diesem Leben erfahren hat. Ich kann und darf mir als Außenstehende kein Bild machen, das steht mir nicht zu.

Beurteile ich andere – beurteile ich mich!
Verurteile ich andere – verurteile ich mich!

Daher ist bedingungslose Liebe Voraussetzung für ein liebevolles Miteinander.

Meistens sind es genau die Themen, die ich bei mir verändern möchte, die mich bei mir selbst stören, die ich nicht sehen möchte, oder die ich gerne auch in meinem Leben haben würde, die ich bei anderen Menschen verändern möchte oder die ich als gut oder schlecht bewerte.

***Jeden so anzunehmen, wie er ist,
ist für mich bedingungslose Liebe!***

Es bedeutet auch nicht, dass ich meine Augen vor allem verschließe, alles Friede, Freude, Eierkuchen ist, aber ich sehe mit einem neuen Fokus: mit den Augen der Liebe!

Dein Seelenreiseführer

Frage 1:
Wie sehr kannst du bereits deine Mitmenschen so annehmen, wie sie sind? Oder versuchst du, sie noch zu verändern?

Frage 2:
Anerkennst du die Menschen um dich herum als deine besten Lehrmeister? Oder siehst du sie noch als Gefahr für dein Leben? Als Schuldige?

Frage 3:
Siehst du schon die wundervolle Seele in jedem Erdenmenschen?

Frage 4:
Wo in deinem Leben kannst du noch bedingungsloser lieben?

15.

Station deiner Seelenreise

Wie sich Mutter Erde verändert und du diese hohen Energien für deine eigene Seelenreise bestmöglich nutzen kannst

Zum Abschluss deiner Reise machen wir noch einmal einen Exkurs ins große Kollektiv.

Du erinnerst dich sicher noch an den 21.12.2012. Viele Prophezeiungen sagten voraus, dass an diesem Tag die Erde untergehen und etwas Schreckliches passieren würde. Dabei wurde der Kalender der Maya komplett falsch gedeutet und interpretiert.

Ja, etwas ging zu Ende, verabschiedete sich, damit Neues entstehen kann. Nämlich die jahrtausendelangen egobasierenden Gedanken und Lebensweisen der Menschheit dürfen sich nach und nach auflösen und endlich den Platz frei machen für ein liebevolles Mitelnander.

Seit diesem Datum verändert sich die Schwingung auf Mutter Erde und in der Weltbevölkerung – hin zur LIEBE.

Die Zeiten des Egos werden nun mehr und mehr zurückgedrängt werden. Es bleibt kein Platz mehr für Streit, Macht, Kriege, machtvolle Konzerne, die die Welt regieren; Banken, die die Macht des Geldes ausnutzen; Menschen, die die Natur als großen Mülleimer verwenden.

Die höheren Schwingungen fordern uns auf, wieder unser Herz zu öffnen. Ganze Heerscharen von Engeln begleiten uns bei unserem Aufstieg in die bedingungslose Liebe, und noch nie waren so viele Erzengel und Lichtwesen auf der Erde, um uns beizustehen und zu unterstützen. Lichtströme werden auf die Erde gesandt, um sie heller zu machen und die Energien zu erhöhen.

Es ist höchste Zeit, dass der Mensch wieder seinen ursprünglichen Auftrag hier auf Erden erkennt und wahrnimmt: ein Teil des Großen Ganzen zu sein und zu werden. Nur wenn wir miteinander die Welt erschaffen – so, wie sie lebenswert ist; so, wie es zum besten Wohl für Mutter Erde ist –, dann können wir auf Dauer hier auf diesem Planeten glücklich sein. Jeder Einzelne von uns ist nun gefragt und trägt dazu bei, dass wir auf die nächsthöhere Dimension angehoben werden.

Und was bedeutet das genau?

Bisher war es einer Seele nur möglich, in der Geistigen Welt in die nächste Dimension aufzusteigen. Wir hier auf Erden leben in der Dritten Dimension, das bedeutet: grobstoffliche Körper, verdichtete Formen, auf Ego und Angst basierende Gedanken und Lebensweisen. Nun steht es der Menschheit das erste Mal frei – sozusagen geplant, als Experiment der Geistigen Welt –, in einem irdischen Körper in die Fünfte Dimension aufzusteigen. Die Vierte Dimension durchwandern wir dabei wie eine Aufstiegsleiter. In der Fünften Dimension werden unsere Körper lichter, energievoller, wir wenden uns der bedingungslosen Liebe zu und erkennen das Miteinander als das Vollkommene an.

Vielleicht spürst du schon eine gewisse Veränderung in dir, eine liebevollere Einstellung dem Leben gegenüber, eine gewisse Leichtigkeit und Freiheit, oder einen inneren Frieden. All dies darf in dich übergehen, wenn du bereit dazu bist.

Erkennst du das wundervolle Geschenk der Quelle, von Gott, dem Universum an dich?

Du wurdest auserwählt als einer von den vielen Erdenbürgern, genau JETZT inkarniert zu sein. Eine einzigartige Chance für jede einzelne Seele, und du darfst sie für dich nutzen.

Du wirst dich nun fragen, was du mit dieser allgemeinen Energieanhebung zu tun hast, was es für dich als Menschenkind bedeutet.

Nun, wenn du in den letzten Monaten bereits gewisse Veränderungen an dir wahrgenommen, das Gefühl hast, dass sich dein Leben nicht mehr so gestaltet wie all die Jahre zuvor, dann bist du bereits mittendrin in deiner Schwingungsveränderung.

Die allgemeine Anhebung der Schwingung der Erde durch die Geistige Welt bewirkt bei jedem Einzelnen, dass bewusst oder unbewusst Veränderungen eintreten, die sich teilweise sehr markant gestalten. Vielleicht hast du in den letzten Wochen, Monaten oder Jahren deinen Freundeskreis komplett „umgekrempelt", plötzlich neue Wege eingeschlagen, wurdest heilerisch tätig, hast deine Verbundenheit zu Mutter Erde auf eine völlig neue Ebene gebracht. All dies bewirkt die höhere Schwingung in deinen Zellen, denn dadurch werden unbewusst Erinnerungen an frühere Leben und Fähigkeiten wieder hervorgeholt und in dieses Leben aufgenommen. Vielleicht hast du auch immer öfter plötzliche Eingebungen, deine Intuition ist stark angestiegen und du beschäftigst dich mehr und mehr mit Engeln und Geistwesen.

Jede einzelne Seele ist ein Teil der großen Veränderung, ein wichtiges Puzzleteil. Jeder Einzelne wird gerufen, sich anzuschließen und zu öffnen. Diese Schwingungsanhebung geht einher mit einer Öffnung des Herzens. Kaum eine Seele kann sich diesem Vorgang mehr entziehen, weil sämtliche Erzengel, Engel, Heerscharen, universelle Schwingungen damit beschäftigt sind, die Erde als Mittelpunkt des Universums im Vorwärtskommen zu unterstützen. Dadurch strömen ungeahnt hohe Energien in das Bewusstsein der gesamten Erdbevölkerung, die eine Wende einleiten, deren Ausmaß noch vollkommen unvorstellbar ist.

Die Erde wird sich samt ihren Bewohnern auf eine liebevolle Schwingung einpendeln, die alles wieder zum Ursprung zurückführt.

Bereits in wenigen Jahren werden wir näher zusammengerückt sein und unsere Fähigkeiten und Talente miteinander teilen. Die Gemeinschaft und das Miteinander stehen wieder im Vordergrund. So kann jeder das, was er am besten kann, in diese Verbindung einbringen. Getauscht werden Gegenstände, Dienstleistungen, Obst und Gemüse, heilerische Tätigkeiten und vieles mehr. Wenn Geben und Nehmen ausgeglichen sind und in Harmonie schwingen, dann wird Friede auf Erden einkehren. Dann ist kein Platz mehr für Neid und Missgunst, für Streit und Krieg. Dann rücken Menschen, Länder und Kontinente zusammen und gehen Hand in Hand durchs Leben. Denn wo Liebe herrscht, da ist kein Platz für auf Angst basierende Gedanken und Taten. Dort, wo die Liebe schwingt, ist nur Raum für Liebe und Miteinander.

Dort dürfen Gemeinschaft und Geborgenheit offen gelebt werden. Es gibt keinen Unterschied zwischen Rassen und Geschlechtern mehr, keine Rangordnungen und auch kein Schubladendenken, denn der Grundgedanke „Wir sind alle eins" wird dann zelebriert und gelebt werden.

Eine wundervolle Vorstellung in unserer jetzigen Zeit, die in den nächsten Jahren bereits Wirklichkeit werden darf.

Durch diese erhöhten Schwingungen wird unser Seelenwachstum so schnell wie noch nie vorangehen. Wenn du dich jetzt entscheidest, dich zu verändern und deine bewusste Reise anzutreten, dann begünstigen die hohen Energien dein Vorankommen. Daher ist genau jetzt der richtige Zeitpunkt, deine Veränderung zu beginnen und dich auf den Weg zu machen.

Damit wir mehr und mehr zusammenrücken können, darf in jedem einzelnen Erdenmenschen das Bewusstsein der Liebe einkehren, denn nur so können wir Liebe auf dem Planeten leben.

Mein persönlicher Reiseführer für dich

Vieles hat sich in den letzten Jahren in meinem Leben verändert – ich möchte beinahe sagen: alles. Nichts ist mehr, wie es einmal war.

Ich empfinde nunmehr jeden Tag als Geschenk, und jeden Tag werden mir die Wunder des Lebens mehr bewusst. Ich fühle diese einzigartige Verbindung zu mir und all den anderen Seelen auf der Erde.

Diese Liebe in mir spannt sich über mir aus wie ein Zelt, unter dem ich mich geborgen und beschützt fühle. Diese wiedergewonnene Verbindung zu meiner Heimat, zu all den lichtvollen Wesen, zu den liebevollen Seelen in meinem Leben, lässt dieses Leben zur besten Inkarnation werden.

Ich fühle mich angekommen und öffne meine Arme und mein Herz weit für alles, was noch kommen darf und wird.

Neugierig gehe ich meine Seelenreise weiter, gespannt, welche Wunder noch zu mir kommen dürfen.

Für die Menschheit wünsche ich mir eine Welt voller Frieden und Freiheit, Leichtigkeit und Freude. Möge jede Seele ihre wahre Bestimmung erkennen und finden.

Dein Seelenreiseführer

Frage 1:
Spürst du, dass du dich bereits auf deinem Seelenweg befindest? Dass sich etwas in deinem Leben verändert hat?

Frage 2:
Empfindest du dein Leben bereits als großes Geschenk deiner Seele an dich?

Frage 3:
Was kannst du als Mensch der Gemeinschaft schenken?

Frage 4:
Welche Veränderungen wünschst du dir für deine Zukunft? Für dich und die Welt?

Nachwort

Liebe Seele,

wir haben uns nun gemeinsam auf eine wundervolle Erkundungsreise begeben. Und ich wünsche mir sehr, dass du für dich nun erkennen darfst, wo dich der Weg weiterführt, wo es dich hinzieht.

Nimm dich an als diese wundervolle Seele auf ihrem irdischen Weg, geh auf Entdeckung, finde dich neu und steig ein in den Zug des Lebens.

Dieses Buch möchte dich an die Hand nehmen und dir ein kleiner Reiseführer sein, aber du allein entscheidest, wo du länger anhältst, welche Stationen für dich wichtiger sind als andere, und wo du einen längeren Aufenthalt benötigst, weil ein bestimmtes Thema nicht von heute auf morgen erledigt ist.

Geh ganz in deinem Tempo weiter. Schau nicht nach links und rechts, vergleiche dich nicht mit anderen, denn du bist eine individuelle Seele mit deinem ganz persönlichen Reiseplan.

Wenn du dir meine tiefgehende und persönliche Unterstützung auf deinem Seelenweg wünschst, dann habe ich jetzt genau das Richtige für dich. Gemeinsam erkunden wir deine Ziele und Wünsche, ich spüre über meine Hellfühligkeit deine Potenziale und Fähigkeiten auf, erkenne deine Stärken und Schwächen und löse für dich durch Energiearbeit und Impulse aus der Geistigen Welt deine Blockaden und Ängste.

Unsere gemeinsame Reise darf weitergehen, wenn du dich dafür entscheidest. Rufe dafür jetzt den folgenden Link auf und lies dir die Informationen auf meiner Webseite aufmerksam durch.

https://www.sabine-huber.at/angebote/

Danksagung

Aus tiefstem Herzen möchte ich mich bei meiner Familie bedanken, die mich dabei unterstützt, meinen Weg zu gehen.

Nicht immer ist es einfach, jemanden gehen zu lassen, alles zu verstehen und so anzunehmen, wie es vorgelebt wird. Doch ich habe zwei wundervolle Töchter und einen liebevollen Mann an meiner Seite, die mich so nehmen, wie ich bin. Dafür gilt ihnen mein größter Dank.

Ihr seid meine irdischen Begleiter und meine Seelenfamilie, und gemeinsam wachsen wir und gehen unseren Lebensweg, jeder für sich – und doch alle miteinander verbunden.

Auch meine Ursprungsfamilie bietet mir immer wieder viel Raum, um meine Erfahrungen als Seele machen zu können – danke dafür.

Ich liebe euch alle, denn jeder Einzelne von euch hat seine Rolle in meinem Leben so übernommen, wie wir es uns einst in der Geistigen Welt vorgenommen hatten. Durch euch darf ich wachsen und meiner irdischen Bestimmung folgen.

Über die Autorin

Sabine Huber ist Seelencoach, Medium und Seminarleiterin. Bereits in Atlantis, als Priesterin im Tempel der Liebe, hat sie den Grundstock für ihre jetzige Lebensaufgabe gelegt: so viele Menschen wie möglich ins neue, Goldene Zeitalter zu begleiten.

Das bedeutet für ihre Leser zu erkennen, wer sie wirklich sind – nämlich wundervolle Seelen auf ihrem irdischen Erfahrungsweg.

Einfühlsam, achtsam und unter Zuhilfenahme ihrer medialen Fähigkeiten begleitet sie in ihrer Praxis in Tirol sowie in Deutschland und Österreich Menschen auf diesem Weg. Durch ihre Seelencoachings, Seminare und mehrtägigen Retreats verhilft sie suchenden Seelen auf einen neuen liebevollen Weg, in tiefer Verbundenheit mit sich selbst und der Geistigen Welt.

www.sabine-huber.at

Buchempfehlungen

Karina Maria Wohnig
Seelengärtnern
Spirituell-schamanische Innenweltreisen
200 Seiten, A5, broschiert
ISBN 978-3-95531-183-4

Die Reise in den Seelengarten ist dein Einstieg in die spirituell-schamanische Arbeit. Du lernst das Reisen in innere Welten, begegnest deinen GeistführerInnen, deinem Schutzengel, deinem Krafttier. Durch das Seelengärtnern bewegst du nicht nur deine innere Welt, sondern nimmst auch dein Schöpfertum an und führst dein reales Leben in die wahre Fülle. Zum guten Schluss lernst du das Erkennen und Nutzen von inneren Portalen, die dich weiter fortführen als ein Flugzeug oder Zug es je könnte. Und die große Reise durch das Universum, das du selbst bist, beginnt...

„Seelengärtnern" ist nicht nur eine Reise auf deinem persönlichen Lebensbaum, sondern ermöglicht es dir, noch einen Schritt weiterzugehen und einen Lichtfunken der Hoffnung für den ganzen Kosmos zu entzünden.

Sabine Skala

Die Kraft der Seele freischalten

Für ein glückliches und erfolgreiches Leben

152 Seiten, A5, broschiert

ISBN 978-3-95531-180-3

Unsere Seele ist die kraftvollste und mächtigste Energie, die wir in uns tragen. Sie ist die direkte Verbindung zu Gott, kennt unsere Lebensaufgabe, für die wir auf Erden gekommen sind, und steuert uns in genau die Situationen, die für unsere Entwicklung wichtig sind.

Die Autorin beschreibt, welche Fähigkeiten unsere Seele hat, was geschieht, wenn ihre Kraft freigeschaltet ist, wie wir Verbindung zu ihr aufnehmen und sie spüren können und warum es so wichtig ist, dass wir den Kontakt zu ihr pflegen und mit ihr in Einheit zusammenleben.

Ist die Seelenenergie jedoch blockiert, kann sie nicht mehr in unser Leben fließen. Mit der Freischaltung der Seele werden alle Blockaden und Ablagerungen aufgelöst, sodass unser göttliches Potenzial geöffnet wird und all das zum Vorschein kommt, was für uns bestimmt war.

Silke Wagner

Wenn die Seele zum Diktat ruft

136 Seiten, A5, broschiert

ISBN 978-3-95531-167-4

Wo sitzt die Seele eigentlich? Hat die Seele einen Namen? Wie bekomme ich Zugang zu meiner Seele, und was bedeutet Seelenplan für mich?

Warum fühlen wir uns dann oft so leer und fragen uns, warum wir in einer Situation feststecken oder überhaupt leben? Wären wir glücklicher, wenn wir besser an unsere Seele angebunden wären?

Wenn die Seele zum Diktat ruft besteht aus wunderbaren Übungen, gepaart mit Selbsterkenntnis. Es ist unfreiwillig komisch, berührend und lehrreich zugleich.

Wer auf der Suche nach seinem Lebenssinn ist, kann sich hier nicht nur wiederfinden, sondern auch beim Ausführen der Übungen einen tiefen Zugang zu sich selbst finden.

Tina Isensee

Edelstein-Reisen

120 Seiten, A5, broschiert

ISBN 978-3-95531-173-5

Herzlich Willkommen in der fantastischen Welt der Edelsteinreisen.

Edelsteinreisen sind normale Fantasie- oder Entspannungsreisen, in denen die Kraft der Edelsteine einen wichtigen Platz einnimmt.

Wir können uns einfach fallen lassen und dabei versuchen, Blockaden, die sich in unserer Seele angesammelt haben, abzuwaschen. Ein herrliches Gefühl, gerade in stressigen Alltagssituationen.

Mit Hilfe der Edelsteine fällt es uns während der Meditationen leichter, uns in die verschiedenen Situationen hineinzuversetzen und uns den Aufgaben, die uns dort begegnen, zu stellen. Auf der anderen Seite können wir die speziellen Energien der verschiedenen Steine dazu nutzen, um uns und unseren Energiekörper wieder neu und, vor allem, positiv „aufzuladen".

Susanne Gerlach

Kundlini-REIKI der Neuen Zeit

112 Seiten, A5, broschiert

ISBN 978-3-95531-185-8

Kundalini-Reiki der Neuen Zeit macht endlich Schluss mit Begrenzungen in der Energiearbeit. Durch die Anhebung der heutigen Schwingungsfrequenz gibt es dank Kundalini-Reiki ein einfaches Energiesystem, ohne Symbole und festgefahrene Vorgaben. Die Neuen Energien basieren auf Liebe und Freude in Wahrhaftigkeit. Das einfachste Selbstheilungssystem für das persönliche Wachstum.

Kundalini-Reiki ist der Klassiker des Neuen Reikis und die Grundlage für eine solide Energiearbeit. Man kann Kundalini-Reiki erlernen, ohne einen anderen Reiki Grad zuvor erworben zu haben. Ein Rundum-Paket, welches eine perfekte Alternative zum Usui-Reiki bietet und bereits im ersten Grad die Schwingung des dritten Grades im Usui-Reiki erreicht.

Zora Gienger

Hochsensibel – Leben mit besonderen Gaben

192 Seiten, A5, broschiert

ISBN 978-3-95531-182-7

Dieses Buch ist für alle, die hochsensibel, empathisch und medial sind, ein wichtiger Leitfaden, um Ordnung in die Vielfalt menschlicher Wahrnehmungen zu bringen, sich selbst besser verstehen zu können und seine Gaben wahrhaftig zum Wohl der Schöpfung zum Einsatz zu bringen.

Wer hochsensibel ist, bringt ganz besondere Gaben in die Welt. Doch allzu oft empfinden hochsensible Menschen diese als Last und fühlen sich von ihren Wahrnehmungen überfordert.

Es ist ein Segen, endlich zu wissen, wie die eigenen Gaben bewusst für fließende Heilenergie sorgen können, wie neue Energiefelder erschaffen werden, und wie man sich selbst mit Hilfe von Heilmassagen helfen kann, um sich wohl, glücklich und erfüllt zu fühlen.